赢遍全世界

The 10 Rules of
Sam Walton

沃尔玛创始人
萨姆·沃尔顿 **10** 堂课

[美] 迈克尔·贝里达尔 (Michael Bergdahl) 著

关 山 江 丽 等译

中国社会科学出版社

图书在版编目(CIP)数据

赢遍全世界:沃尔玛创始人萨姆·沃尔顿10堂课/[美]迈克尔·贝里达尔著;关山,江丽等译.—北京:中国社会科学出版社,2008.7
书名原文:The 10 Rules of Sam Walton

ISBN 978-7-5004-6884-4

Ⅰ.赢… Ⅱ.①迈…②关…③江… Ⅲ.零售商业-连锁商店-商业经营-经验-美国 Ⅳ.F737.124.2

中国版本图书馆 CIP 数据核字(2008)第 053486 号

版权贸易合同登记号　图字:01-2006-3702

策　　划	路卫军　王　茵
责任编辑	王　茵
责任校对	李小冰
封面设计	久品轩
责任印制	戴　宽

出版发行　**中国社会科学出版社**
社　　址　北京鼓楼西大街甲 158 号　　　　邮　编　100720
电　　话　010-84029450(邮购)　　　　　传　真　010-84017153
网　　址　http://www.csspw.cn
经　　销　新华书店
印刷装订　三河市君旺印装厂
版　　次　2008 年 7 月第 1 版　　　　　　印　次　2008 年 7 月第 2 次印刷
开　　本　710×1000　1/16
印　　张　17.75
字　　数　200 千字
定　　价　38.00 元

致　　谢

我要特别感谢使此书得以问世的：

萨姆·弗莱奇曼　文学艺术家代表

大卫·保尔　　　高级编辑　约翰·威利公司

沃尔玛经理：约翰·克纳普三世

　　　　　　　佩里·布鲁姆

　　　　　　　弗兰克·鲍

　　　　　　　兰迪·史密斯

　　　　　　　罗伯特·索瓦吉

　　　　　　　安德里亚·雷德

序　言

有关沃尔玛这一美国奇迹的著作有很多，其中有正面的也有负面的。迈克尔·贝里达尔在相比之下有优势，因为他曾经为我父亲工作过，并从我父亲本人那里了解了关于商业和人生成功的经验。

我父亲从未想过要经营全球最大的公司，他不止一次地说要给予顾客公正的价格，要为同事创造一个好的工作场所，并且要在我们称之为"家"的社区里发挥积极的作用。这些我的父亲都做到了，指引他的价值观就是尊重、勤奋、不断完善以及为他人服务，这些是我父亲在20世纪60年代制定的法则，但它们在今天仍具有重大意义。

父亲坚信员工伙伴的力量，因此说他的大多数商业法则实际是有关以下两方面的也不为过，即公司员工伙伴以及只有当你相信自己和他人时才能获得成功。父亲已经去世12年了，但他的理念还依然活着，活在遍布全球为无数顾客服务的6，700家沃尔玛商店中。

沃尔玛越来越壮大，但是我们现在仍在不断参考本书中的"成功商业法则"。

罗布森·"罗布"·沃尔顿

沃尔玛连锁公司董事会董事

目　　录

引　言

对每件事情都设立高期望值

萨姆·沃尔顿获得卓越经营管理的秘诀在于，他能在保持高标准的情况下使任务得以立即执行。

我永远都忘不了我和沃尔玛创始人萨姆·沃尔顿的第一次见面，或者我们也可以像沃尔玛的任何人一样把他尊称为萨姆先生。我在头一天晚上到了阿肯色州本顿威尔，于是就在沃尔玛总公司马路下方的品质客栈住了一晚上。星期六那天一大早 7 点钟就去参加沃尔玛管理人员对我的面试，那些管理人员和总部工作人员要在周六 7 点上班并召开著名的周六晨会，而我的面试安排正好符合他们积极进取的工作惯例。我被安排了三场面试：第一场的面试官是首席人事官，第二场是首席销售官，最后一场则是首席运营官。在参加首席运营官面试的路上，我一直在思考首席销售官提的问题——你乘坐的交通工具是什么。我根本不知道当回答小卡车时，自己就已经通过了沃尔玛一个重要的文化测试，奇怪的是这个答案是我当天面试成功的关键因素。众所周知，作为世界首富以及阿肯色州西北部家喻户晓的亿万富翁，萨姆·沃尔顿开着一辆 1979 年产红白相间的旧式福特牌小卡车，我就这样通过了第一个面试测验。

在首席运营官的面试快结束时，他从我的肩膀上方看着门口，因此我很自然地跟随他的目光望去，结果发现一个穿着工作服的老人站在那里。在一刹那间，我甚至错误地认为他是当天来收拾垃圾的看门人，但又随即突然想到了他就是萨姆·沃尔顿！我永远都忘不了首席运营官用极富感情色彩的南方口音把我介绍给萨姆·沃尔顿的情景："萨姆先生，这是迈克尔·贝里达尔。"萨姆·沃尔顿非常滑稽地看着我并挖苦似的问："猎狗（把'贝里达尔'拆开来念时的意思)？"当时我不知道被萨姆·沃尔顿称为"猎狗"究竟是好是坏，后来我发现这是件好事，因为他是个枪法很准的猎鸟者并有很多猎狗。顺便说一下，从那以后"猎狗"的绰号就一直伴随着我！在萨姆先生称我为"猎狗"的那一刻，我和有史以来最成功的商人变得亲密了，我就这样通过了第二个面试测验。

当我周六那天去参加面试时，从没想过最后一轮面试是由萨姆·沃尔顿亲自进行的。后来我知道其他管理人员进行的只是初步筛选，在确定了我能胜任那份工作之后，他们就把我推荐给了萨姆先生，也就是说，如果我的资历不符合条件的话，那天是根本见不着萨姆先生的。我非常惊讶地发现，萨姆·沃尔顿非常实际、友好并能使别人对他产生信赖，因为他非常平易近人并易于亲近。我记得萨姆先生当天问了一个关于我所在公司的问题，这我永远都不会忘记，他说："菲多利公司是沃尔玛最大的供应商之一，也是我最敬重的一个公司。你认为它商店货物运输系统的关键是什么？"这个问题在当时似乎没有什么恶意，于是我就把自己所知道的有关菲多利公司先进系统的一切都告诉了他。我当时并不知情，然而萨姆·沃尔顿是个孜孜不倦的求知者，他利用面试的机会来搜集其他公司尤其是竞争者和供应商的信息。萨姆·沃尔顿试图通过那个问题来了解菲多利公司的内部运作，毫无疑问，他是想找到一个与他们讨价还价的基点。

我后来参与了萨姆先生的一个职位面试，面试者来自佛罗里达州一个名叫大众的大杂货连锁店。萨姆先生当时正在筹备沃尔玛超市战略，我记得他问了这位杂货店经理一个相同的问题："大众超市是我最敬重的杂货连锁店，你认为它销售战略的关键是什么？"（后来萨姆先生告诉我，他借面试的机会来更多地了解其他公司的成功经验。）在得知了所有的秘密之后，我大致可以告诉他菲多利商店货物运输的成功所在了，于是就这样通过了第三个面试测验。

见到萨姆·沃尔顿之后我的敬佩之情油然而生，并明白了为什么沃尔玛的同事都称他为"萨姆先生"。我从第一次会面中就知道了他是真正关心员工伙伴并与众不同的领导者，萨姆先生拥有建立友好、和谐关系的独特能力，你会发现他是一个非常实际并有技巧的沟通者。和萨姆先生第一次交谈之后，我就知道自己想与他共事。在那天返回得克萨斯州家中的路上，我因为很有可能为沃尔玛工作而欢欣不已，并且第一次真切地希望他们能给我一个工作机会。在随后的那周我接到了电话，他们给了我那个一直梦寐以求的工作机会。

接到正式的工作邀请后我很兴奋，我的妻子谢乐尔也和我一样兴奋。随即我们不得不做出了人生中最艰难也是最重要的决定，因为谢乐尔当时已有了八个月的身孕，要在她怀孕后期从达拉斯搬到本顿威尔确实非常令人担心，直到那时我们还没有认真考虑过要搬到奥扎克高地的阿肯色州西北部。我在接到沃尔玛管理人员的面试通知时是高兴过头了，而当真正获得这个工作机会时则需要认真考虑了。最终我和谢乐尔认识到，搬到本顿威尔和萨姆·沃尔顿共事是人生中生活和事业两方面的冒险，我们的女儿希瑟也参与到讨论中。我们最终决定搬家，这样我就可以亲身感受萨姆先生传奇般的领导。我们在位于本顿威尔"郊区"一个叫温泉洞的小镇上买了个马场，面积有 17 英亩并且旁边有一条泥路。在我们到达的第五天儿子保罗便降生了，他出生的地方是阿肯色州罗杰斯市，正是萨姆·沃尔顿建立自己第一家折扣店的地方。

沃尔玛管理人员承诺我说以后有机会和萨姆·沃尔顿共事，因此我对自己的决定不感到失望，我的职务是总公司的"员工部主任"，因此每天都有机会和萨姆·沃尔顿直接接触或在他周围做事。有趣的是，萨姆先生把人力资源部称为"员工部"，我很快发现这个有趣的名字不是徒有其名，幸运的是，萨姆·沃尔顿非常重视员工伙伴，对沃尔玛所有人都有极高的标准以及极高的期望，随着时间的流逝，我发现他把沃尔玛非凡的成功归于这个组织中的员工伙伴。我加入沃尔玛的决定在不知不觉中把自己放到了一个合适的时间和地点，让我学会了萨姆先生的黄金法则待人哲学以及他在人生关键时期的成功秘诀。

我在不知不觉间似乎成了一个安插进来的记者，总是关注着萨姆先生的一举一动，因为我很想了解和学习他的成功法则。我当时还没有创作处女作《我从萨姆·沃尔顿身上学到了：如何在一个沃尔玛世界中竞争和壮大》的打算，更没有想到会在我的第二本书中讲述他的成功秘诀。然而事实就是，我因为能在萨姆·沃尔顿的最后时光里与他共事感到非常幸运，他那时知道自己不久将死于骨癌，然而直到生命的最后一刻还在坚持工作。在弥留之际，萨姆先生尽全力把自己的成功秘诀和理论教授给周围的人，虽然他没能亲口证实，我却深深感受到了这一点，他在生命的最后一刻还在不断激励身边的人。

我亲身感受了萨姆·沃尔顿的成功十法则，这对我的事业道路、与他人的关系、沟通方式以及个人生活都有着极为深远的影响。历经岁月的流逝，我从萨姆先生身上学到的经验已经成为自己内在的东西，并且发现自己在商业和生活中与人打交道时都在模仿他。我在本书中使用的就是这些经验和事例，这使他的十法则栩栩如生地展现在大家面前。

萨姆·沃尔顿创建了沃尔玛①折扣店、沃尔玛超市以及萨姆俱乐部，从而成为了有史以来最成功的企业家，他白手起家、从零做起，凭借着自己独有的专注建立了全球最大最成功的公司。更令人惊讶的是，萨姆·沃尔顿仅仅是一个有远见、有目标并获得非凡成就的普通人，他的经验说明了他一生都是永无止境的专注与不懈、冒险、干琐事、犯错误以及勤奋工作。

---

① 在本书中，"沃尔玛"包括沃尔玛公司的各类分支机构：沃尔玛折扣店、沃尔玛超市、萨姆俱乐部、邻里市场、特殊机构、配送中心以及总公司。

就在萨姆先生去世的那一年，他根据自己的真实经历写下了成功十法则。我们感到十分幸运，因为我们可以借此来学习他毕生的经验并在人生中实践这些法则。本书围绕萨姆·沃尔顿公开承认的成功十法则展开，通过阅读这些法则背后的故事，你会发现这个全球首富是怎样实现梦想的，同时也可以把从他那里学到的东西运用到自己的人生中。

我们要明白很重要的一点，那就是萨姆先生设立的目标都很远大，并且认为对每件事情都设立高期望值是很重要的。因此，本书中的成功经验很可能会挑战您关于成功商业和生活的看法，这是因为萨姆·沃尔顿的观点挑战传统思维并且他个人"是逆流而上的"，他常常有意避开众人的一贯做法，而用自己的方法来探索一片未知领域，这实际上是他最大的一个成功秘诀。

萨姆先生在生活和商业方面的为人处世拥有超凡的自律，我是首个承认这一事实的人，因此要实践这些法则就要求比前人拥有更高的自律。当然有些人会发现自己根本就不具备实践这些法则所必需的恒心，而有些人却愿意并最终把萨姆先生的经验转化为自己的内在，他们发现生活和事业的成功都超出了自己的期望。你可以学习这些法则并运用于实践来发挥自己真正的潜力，这是件非常令人兴奋的事情。你很可能会觉得这难以置信，但是只要肯花时间去学习和实践，这些法则就会给你的人生带来重大转变。

我在萨姆·沃尔顿去世后就离开了沃尔玛，在总公司工作的那些年里，我在工作和私生活中都在实践萨姆先生的法则。我成为了扭转局势专家和商业经营指导，并且参与了不同行业中两次非常成功的商业局势扭转，在那些岁月里，每当面临复杂问题时我总会问自己："如果萨姆遇到同样的问题，他会怎么办呢？"这个方法通常十分有效，通过运用从萨姆先生那里学到的原则和方法，我总是能成功地解决问题，我把它们应用到私生活来处理人际关系尤其是与家人的关系时也同样奏效。我试着模仿萨姆先生的待人技巧、黄金法则价值标准、顾客服务、倾听技巧、不断求知的态度以及坦率沟通的准则。本书向您讲述了一些具体的方法，以便您通过在事业和生活中的运用而获得更大的成功。

你可能会问自己："为什么萨姆·沃尔顿十法则这么重要？"我的答案就是，从来没有人像萨姆·沃尔顿一样对商业惯例有如此大的影响，您只需想一想他对顾客、供应商和同事的人生所造成的影响就知道了，更不用提对他的竞争者造成的影响了。萨姆先生的经验不仅仅影响了自己的公司，还改变了世界500强企业及其领导人经营管理的方式。在沃尔玛供职期间，我就常常发现一些世界知名公司的管理团队也参加萨姆先生主持的周六晨会，他们想亲自学习和体验他的最佳经营方法，甚至想了解和学习使萨姆先生成功的方法。

我从萨姆先生那里学到的最重要经验就是如何待人，包括顾客、同事、供应商以及其他人，他的黄金法则理论对自己的法则有很大影响，黄金法则理论简单地说就是"你希望别人以怎样的方式待你，你就以怎样的方式对待别人"。萨姆先生的法则对每个人都至关重要，包括商人、教会领袖、体育教练、男童子军、女童子军、医学专家、教育家以及政府雇员。如果你要和别人打交道（当然，我们每天都必须这样），那么萨姆·沃尔顿的黄金法则理论会帮助你在事业、育人和生活上取得更大的成功，而他的黄金法则理论也融入了本书的各个章节。

要知道和了解萨姆·沃尔顿的成功十法则，就一定要了解他建立零售帝国背后的故事，他塑造自己杰出商业作品的才能可以和人类的某些伟大成就相匹敌。萨姆·沃尔顿成功背后的技能包括挑战现有的商业理论以及现有的零售模式，他就是这样创建了自己独一无二的最佳方式。萨姆先生通过艰辛努力换来的成功都不是轻易得来的，不断驱使他的内在力量是对失败的胆怯以及相信能做到更好的信念。萨姆·沃尔顿动力十足并具有非常强烈的成功意愿，以至于他在醒着的每时每刻都在专注自己的事业，身为企业家精英的他曾经说过："有股力量总是驱使着我不断反对这个体系、不断创新并且不断超越。"萨姆·沃尔顿的目标就是把顾客放在第一位，同时以对待合作伙伴的方式来对待员工伙伴。

像米开朗琪罗一样，萨姆·沃尔顿的才华也是历经艰辛尝试、错误、勤奋、恒心以及对完美的无止境追求才得以展现的，他非常热情和坚决，总是尽力把每件事情做到最好。萨姆·沃尔顿才华横溢，这使他创造了史无前例的事业顶峰，并且至今也没有人能够超越，但即便在事业顶峰时他也从未对自己的工作满意过。萨姆·沃尔顿是集"商业创新领域的达·芬奇"、"商业再发明创造领域的托马斯·爱迪生"以及"商业战略及技巧领域的艾伯特·爱因斯坦"于一身的人物，就商业创新而言，他既是一个孜孜不倦的求知者，同时也是不断挑战现状并求新求变的艺术家。萨姆·沃尔顿重塑了零售、销售、商品采购、商品买卖关系、费用管理、雇主/雇员关系、供货链零售技术以及顾客服务，他做每件事情时都积极寻求更好的方式并将复杂的商业理念简单化，因此连普通人都能理解那些复杂的战略并灵活加以运用。一些人称萨姆先生是真正的商业天才，而有些人则直接称他是不寻常的普通人，萨姆先生更喜欢后一种称呼。

萨姆·沃尔顿的背景表明了他是通过一步步艰辛的努力才获得成功的，他在哥伦比亚密苏里大学拿到了经济学学士学位，后来服兵役时在美国陆军情报部队担任上尉。萨姆·沃尔顿在杰西潘尼积累了关于零售的早期经验，他当时在爱荷华州工作时有机会和该公司的创始人詹姆斯·卡什·"黄金法则"·潘尼共事，正是卡什·潘尼向他传授了黄金法则价值标准的重要性，随后萨姆先生在阿肯色州纽波特创建经营了一家杂货铺。由于受妻子海伦的影响和鼓励，萨姆先生在阿肯色州本顿威尔广场开设了一家出售廉价小商品的杂货店，该店现在是"沃尔玛观光中心"，已经成为了公司的历史博物馆。

萨姆先生不满足于现状，开始寻求小杂货铺之外的发展模式，并于 1962 年在阿肯色州罗杰斯开设了第一家沃尔玛店。最终令所有人包括他自己都始料不及的是，沃尔玛折扣店在迅速壮大之后于 1970 年公开上市，沃尔玛的股东（他们大部分都是沃尔玛的早期员工伙伴）从公司的巨大成功中获利不菲，耐心的投资商们在那些年里经历了 11 次十送十的股票分割并从中获利。在沃尔玛发展早期，为萨姆先生工作的员工伙伴在商店和配送中心工作或开卡车，他们拿的是计时工资，而当他们退休时则都变成了百万富翁，而萨姆·沃尔顿继承人的财富则估计有 1000 万美元之多！处于对萨姆·沃尔顿事业上巨大成就的认可，欧扎克斯大学、阿肯色大学以及密苏里大学均授予了他名誉博士学位，目前萨姆·沃尔顿的公司在全世界拥有几乎 7000 家零售店。

　　萨姆·沃尔顿怎样取得了如此巨大的成就？为什么他的抱负会这么远大？究竟是什么使萨姆先生的风格这样与众不同而又成功呢？他为什么具有如此强大的竞争力？我想这些问题的答案要从一个事实讲起，那就是沃尔玛是从阿肯色州西北部一点一滴开始的，起初没有人在乎过萨姆·沃尔顿，因为他的事业构筑始于美国的乡村地带并在那里尝试自己的想法。萨姆先生不断完善自己的零售战略和措施，这一切都是在实力强劲对手的眼皮子底下进行的，并且他还被别人瞧不起，原因在于他只是一个来自地方的经营新手。由于早期不被人重视，萨姆·沃尔顿能够拜访他的一些同行并与公司领导面对面交流，他把自己真正的才华掩饰起来，而是凭借优秀和朴实的魅力（他总是说："我只是一个来自阿肯色州的零售业新手。"）并通过自己的方式和他们交流。萨姆·沃尔顿在当时确实是经营新手并且从事零售业的时间也不长，他让人没有丝毫防备，因此那些公司领导很乐意分享自己"王国的成功关键"，于是便把自己商业成功的销售和经营秘诀告诉他。萨姆·沃尔顿总是"沉默不语"地仔细记录这些秘诀并随后加以运用，从而最终创建了自己的沃尔玛帝国。

萨姆·沃尔顿探访同行商店时总是选择走内部通道，因为这样可以从产品、销售、营销、定价、员工伙伴激励措施以及顾客服务中获得一些为自己所用的理念，他不会把时间浪费在别人做错的事情上，而是寻找那些正确的经营方法和理念，并且认为从每家公司和每个人身上都能学到东西。萨姆·沃尔顿也是你所能想象的最好的倾听者，人们都非常乐于把自己的想法告诉他，这就是为什么他在遇见别人时总是不断地问问题，然后耐心地把听到的都记录下来。萨姆先生发现有用的想法时会收为己用并加以改善，随后便在自己的生活和商业中进行实践。

萨姆·沃尔顿知道好的想法无处不在，因此在沃尔玛员工伙伴出现创新想法时不会给予任何"额外荣誉"，因为他认为想法无论是自己内在还是从别人那里发现都仅仅只是想法而已。一些同行的零售公司领导起初和萨姆·沃尔顿分享了自己的最佳实践经验，后来随着沃尔玛不断发展壮大，他们发现自己的公司却在一步步下滑。这些公司领导曾经心甘情愿地为萨姆·沃尔顿的初期事业发展提供信息，现在却发现这样做造成了他后来极具竞争的优势，而有时他们提供给萨姆先生的信息最终导致了自己公司的失败！

　　萨姆·沃尔顿的主要成功秘诀之一就是向别人做得对做得好的地方学习，这也是我们所有人值得借鉴的地方。无论你是家庭主妇、大学生、教授、应届生、医学专家、联邦政府、州政府或地方政府的工作人员、宗教领袖、企业主、经理、计时工资雇员、竞争对手、沃尔玛或萨姆俱乐部的供应商、曾经或目前为沃尔玛或萨姆俱乐部工作的员工伙伴，你都能从萨姆先生的成功中学到东西。模仿是对别人进行恭维的最真诚的方式，正如萨姆·沃尔顿所领会的，这也是自我提高的最快捷的方式。在本书中，我想从内部人士的视角向您展示萨姆先生天资背后的思考过程，他在成功之路上非常关心身边的人，同时也致力于帮助他们获得成功。这些相互交织的法则一再重复着以下主题：创新、常识、勤奋、积极思考的力量以及如何待人，这也正是萨姆先生成功十法则适用面广以及实用性强的原因所在。

　　最终，萨姆·沃尔顿不可思议的远见、坚决的意志和决心把沃尔玛推向了"财富500强"的首位，他把冒险、职业道德、创新和高期望结合起来实现了自己的零售梦想。萨姆·沃尔顿以迅疾的速度建立自己的零售业，同时还进行初步的研究和开发来寻找改善各方面经营的方法。如同在疾驰的货车前面修建铁轨一样，他总是在不知疲倦地经营日常业务，同时还尝试新想法以及发展壮大公司。萨姆先生在迈向零售业辉煌的过程中以疯狂的速度向前奔跑，从不满足于只是充实地过每一天，他一直都非常警惕，害怕竞争对手从背后偷偷赶上自己，这时他极具竞争意识的本质就会被点燃和驱动。萨姆先生独有的专注、高期望值、毅力和永不言败的态度是公司建立的基石，公司领导人至今还使用同样的方法来经营企业，他们总是奋力向前跑以便把竞争对手远远甩在后面。

萨姆先生的很多成功都是他待人方式产生的结果，我看到过他和同事交流的情景，他对每个人的尊重和关心总能给我留下极为深刻的印象，一位沃尔玛前任经理向我讲述了他对萨姆先生的看法：

> 在遇见沃尔玛员工伙伴时，萨姆先生能让每个人都感觉到他既是老板也是朋友，他不是嘴上说说而是为员工伙伴做了很多实事儿，并且尽力去改善他们的处境。你知道你在为这样一个人而工作——他真正地感激你。

萨姆·沃尔顿的价值标准和理念对沃尔玛非常重要，直到现在仍然是沃尔玛公司培训课程的内容之一，萨姆先生的自传是沃尔玛新员工伙伴或新任经理的必读物，沃尔玛领导和员工伙伴依然对他记忆犹新，总是称他为"萨姆先生"。萨姆先生认为应该比对手更深入地思考、更努力地工作以及更积极地竞争，这些想法会在公司未来的几代人中被不断发扬。我们可以从萨姆先生的信念中找到他留下的宝贵财富，那就是"对自己做的每件事情都应该设立高期望值"，以及"你周围的人起着至关重要的作用"。

　　萨姆·沃尔顿零售帝国的销售业绩已经达到几乎3000亿美元，他的公司在全世界拥有170万员工伙伴、6000多家商店以及120多个大型配送中心，每周超过1300万的顾客来沃尔玛购买每日低价商品。沃尔玛的成功和全球经济是紧密相连的，当公司的重要销售预算减少时，世界股市也会跟着下跌，你可能会说如果沃尔玛打个喷嚏，包括美国在内的一些国家都会感冒！

　　沃尔顿承认自己为了获得事业成功而信奉一些法则，此书的目的就是为您讲述这些法则背后的故事。很清楚的一点就是，萨姆·沃尔顿遵循的这些法则促使沃尔玛从不知名的地位而一跃成为世界主宰。由于萨姆·沃尔顿是一个获得非凡成就的普通人，因此他的经验易于被大家所理解，而大家也很容易借鉴他的经验并应用到自己的人生当中。我在本书中讲的故事是萨姆·沃尔顿从来没有跟其他人提到过的，我认为原因就在于他谦虚的本质以及"把荣誉归于其他人"的态度。您很快就会发现我列举的这些故事非常有说服力，能够把萨姆先生的信念栩栩如生地展现出来，其中一些故事是我的亲身经历，另外一些则是和萨姆先生共事过的沃尔玛经理和供应商告诉我的。

　　概括地说，沃尔玛的巨大成功很大程度上归功于萨姆·沃尔顿的黄金法则待人方法，这些待人方法贯穿于他所创造的文化的始终。萨姆·沃尔顿认为应该敬重和尊敬他人，甚至在卡车、配送中心以及商店的墙上张贴广告，用以宣传"我们周围的人至关重要"这个口号。促使他成功的文化特质有与卖主和员工伙伴的合作伙伴关系、乐于更改和完善、紧迫感、果断的决策、将一切简单化、不自满、团队合作、乐于打破常规办事以及拥有高期望值。在萨姆·沃尔顿看来，你应该跟随自己的激情、相信自己、发展和保护自己的个性并且关注镜子中的那个自己，他认为真正的领导者是为大家服务的，并且认为我们所有人都有成为领导者的潜质。

为了能真正理解本书中的故事，你应该对他的待人方式有个大致了解，因为这和他公司的文化是息息相关的。萨姆·沃尔顿的法则主要涉及的是战略、技能、员工伙伴、费用管理、为他人服务以及实施预计内的冒险，对那些有兴趣充分发挥自己潜力的人来说，学习他毕生的经验是非常有用的。

毫无疑问，萨姆·沃尔顿在商业取得了非凡的成功，一个来自偏远地区的零售业主怎样获得了如此大的成就？他在成功之路上发现了哪些别人忽略的东西？他怎么会有这么多最优秀的经营战略？他的成功之路是怎样的？萨姆·沃尔顿最终在他的自传中对这些问题一一作了回应，并列出了对于成功最重要的十条法则，他认为在十个主要方面获得的成就对自己的成功起着关键作用，这在他的整个事业生涯中都有所体现。以下是对萨姆·沃尔顿十堂课的概括，对萨姆先生强调的部分都用了黑体：

第一课　**全力以赴**，激情满怀

第二课　和帮助过你的人一起**分享成功**

第三课　**激励**自己和他人实现梦想

第四课　与他人**交流**，并显示出你对此很重视

第五课　重视和**赏识**他人的努力和成就

第六课　为你自己和他人的成就**庆祝**

第七课　**倾听**他人的意见并从别人的观点中获得新知

第八课　**超越**顾客或他人对你的**期望值**

第九课　**控制支出**，保持节俭

第十课　**逆流而上**，坚持自我，挑战现状

　　萨姆先生的每条法则都易理解并为他人所用，然而正如他取得的巨大成就一样，其他人在实践这些法则时也需要高度自律，导致事业和人生失败的通常不是战略本身而是未能策略性地实施这些战略。我在本书中用了一个章节来详述萨姆先生的每条法则，同时为您讲述这些法则背后的故事，这样您就能从他的成功中有所领悟，并把这些法则应用到自己的人生当中。

　　萨姆先生的法则可以让我们对沃尔玛的发展史有个总体认识，这些法则至今依然是公司领导人员的文化标准。萨姆先生的十法则被悬挂在公司总部大厅墙上的显著位置，这样人们在进入大厅时都能看得到，这也是沃尔玛总公司很多员工伙伴每天上班的必经之路。生产商和供应商常常去沃尔玛总公司拜访顾客，这

时他们就能看到萨姆先生的成功十法则。公司管理人员认为萨姆先生的十法则非常重要，于是就把它们放在沃尔玛世界各地的网站上。

全球最成功企业的创始人萨姆·沃尔顿有自己独到的见解，无论您从事什么职业，本书都将为您提供一个良机，使您从他独到的见解中获得对您个人有指导意义的东西。我撰写本书的目的是为了向您讲述他成功背后的故事，同时也是以客观的角度讲述他遗留的有关领导才能的故事。虽然沃尔玛贯穿于本书的始终，但故事的焦点是公司的创始人萨姆·沃尔顿，书中的很多概念都易理解，因为大家都清楚萨姆先生能把复杂的东西简单化。为了获得沃尔玛折扣店、超市以及萨姆俱乐部的成功，萨姆·沃尔顿付出了很多努力，然而令人惊讶的是，自律性不强的人是很难和他一样付出同样艰辛的。成功是对精力、热情以及自律等因素的综合考量，同时也包含对这些因素在量上的要求，因此为成功所付出的努力因人而异。大多数人仅仅习惯于拣那些掉在地上的果子，或者从触手可及的树枝上摘果子，而萨姆先生的成功方法则要求人们伸展四肢，有时甚至是爬到树上去摘最高处的果子。他对生活和事业都设立了非常宏伟的目标，并且对自己以及周围的人都抱有很高的期望值。

在处女作《我从萨姆·沃尔顿身上学到了：如何在一个沃尔玛世界中竞争和壮大》中，我谈论的主要是一些战略和策略，这都是零售商、非零售商、生产商和供应商从沃尔玛学来的，并用于他们自身的竞争、生存以及发展。自从那本书出版后，我在自己主旨发言的会议上会和不同企业和行业的人交流，结果发现国内外的人都对学习沃尔玛有着极大的兴趣，并期望能更多了解萨姆·沃尔顿的人格以及他的法则是如何促使沃尔玛获得成功的。我的处女作在全球范围内出版和发行并被译成了多国文字，最近在土耳其伊斯坦布尔市的零售会议上作发言时，我被问及最多的问题就是"什么成就了沃尔玛"，我的答案永远都是"萨姆·沃尔顿"。由于大家对此都非常感兴趣，我于是决定再写一本关于萨姆·沃尔顿的书，但是这次我把焦点放在他个人认为对成功发挥最重要作用的法则上。

撇开零售这个主业而言，萨姆·沃尔顿犯下的唯一重大失误就是，他从未把自己成功法则背后的故事详细记录下来，他仅仅记录了法则但却从未进行详细解释，这使我们只能匆匆一瞥沃尔玛这个"庞然大物"。我意识到萨姆·沃尔顿很可能是有意不说出那些细节的，正如肯德基的桑德斯上校从不将原配方告诉他人一样，萨姆先生只是让我们领略了他的总体成功战略，但是却没有说明究竟要怎样一步步地落到实处。

和一些沃尔玛的经理、顾客以及供应商交谈之后，我认为十法则背后蕴涵的伟大故事应该为大家所知道，并决定亲自为这些法则添加血肉充实起来。我为此采访了公司的内部人士，他们曾经和萨姆·沃尔顿共事很多年或多年来一直在他身边工作（顺便说一下，他们中的大多数人都很富有，因为他们都参与了沃尔玛利润丰厚的证券投资），我把自己的看法和他们的深入观察融合到了一起，从而以独特的内部人士的视角展示了全球最大最成功公司及其创始人的十大成功秘诀。目前在其他公司任职的沃尔玛前员工伙伴告诉我，他们在目前的事业和生活中仍继续使用萨姆先生所教导的东西。我在本书中以这样的方式向您提供信息，您既可以了解萨姆先生法则的内容，而且也会知道应该怎样在工作和生活中予以实践。

以后的各章节会讲述萨姆先生通过战略和策略来创建公司的方法，他向专业人士学习并观察他们的最佳方法，通过不断尝试、犯错误以及不断创新才最终提炼出这些战略和策略。无论您的背景如何，要想在这个沃尔玛世界里获得成功和发展就必须尝试，在这个尝试的过程中你会发现这些深刻的见解是多么有用。您将会发现为什么"设立高期望值是做每件事情的关键"，而且也会知道该如何把萨姆先生的成功法则运用到自己的人生当中。无论您是企业家、商业领导、公司经理、管理人员、计时工资雇员、沃尔玛/萨姆俱乐部的前任或现任雇员、教育家、学生、退休人员、家庭主妇、医学专家、宗教领袖、执法官员或政府工作人员，本书都将为您展示一幅获得个人成功的宏伟蓝图，现在您就有机会学习萨姆先生本人的一些教导和建议。

第一课

全力以赴,激情满怀

萨姆·沃尔顿常常在凌晨 4 点或之前就开始工作，这样在其他管理人员到来之前可以把前一天的销售报告审查一遍！

萨姆·沃尔顿建立了有史以来全球最大最成功的公司，而这花费了他毕生的精力，他取得辉煌成就的原因就是一直保持独有的专注并且激励他人来帮助自己实现梦想。我们可以想象萨姆·沃尔顿在事业发展初期所面临的挑战，他在奥扎克山脉的荒凉地带开了自己的第一家商店，而在 1962 年创建沃尔玛时，供应商说的第一句话就是他的乡村零售战略行不通。银行家们都不愿意给萨姆先生提供贷款，因为他们认为他的此次冒险注定会失败。其他零售商则嘲笑这个乡村零售的想法，并迅速指出美国乡村没有足够的消费人群，在那里开创折扣零售事业是不可能的。一些阿肯色州西北部的当地人一定认为萨姆先生是个十足的疯子，因为他竟然把这么大的商店开在美国的一个小镇上，但是萨姆先生最终证明了他们所有人都是错误的，真正笑到最后的是他自己而不是竞争对手！

很可能是基于创建沃尔玛的早期经历，萨姆先生这样描述获得卓越成就的第一个成功秘诀，那就是"要**全力以赴**以期获得成功，并总是充满激情"，他永不言败的决心克服了自己在知识、技能和能力上的不足，而他的毅力、敢闯的态度以及对成功的热情在初期的艰难岁月里发挥着重要作用。无论萨姆先生生来就是领导者还是环境把他造就成了伟大的领导者，事业初期的遭遇决定了他只能做一个凭借经验前进的领导者。萨姆先生对梦想的坚定信念、职业道德以及十足的激情获得了事业初期员工伙伴（沃尔玛员工伙伴名单上有这些人的名字）的信任，他们为萨姆先生事业的创立尽了一臂之力。萨姆·沃尔顿对折扣零售业的热情非常有感染力，使得他周围的人也拥有了同样的热情，他会是第一个向你这么说的人：沃尔玛历经艰难的初期岁月而存活下来的主要原因就是我的员工伙伴。

对于任何人而言，全力以赴和激情都是获得成功的最重要因素，这也有助于你清晰界定自己的远见或目标。无论是尝试经营企业、养家、争取大学奖学金、演奏乐器或在体育方面获得杰出成就，你都需要在获得成功的道路上全力以赴。当情况变得艰难——而事实上情况会是很艰难的，当事人对目标的激情会经受考验，而常常是这种对成功的坚定以及全力以赴的态度区分出了胜与负、合格与未通过以及成功与失败。

美国的零售先驱之一詹姆斯·卡什·潘尼曾经说过："如果你给我一个没有目标的人，我能把他变成一个存货管理员；如果你给我一个有目标的存货管理员，我能让他创造历史。"潘尼认为目标在成功的过程中具有非常重要的作用，这和他以前的徒弟萨姆·沃尔顿的看法非常相似。萨姆·沃尔顿是从底层做起并一步步走向成功的，他首先通过零售店里的艰辛劳作学会了必备的技能，后来在詹姆斯·卡什·潘尼等的指导下学会了成功必备的品质。被称为"黄金法则潘尼"的潘尼教导萨姆·沃尔顿应该如何待人，他把这些有益的东西变成了自己的宝贵财富，并在一生中把这些财富传授给其他人。萨姆先生认为无论你面前摆放的是什么任务，只要它值得做就一定要做好，他努力做每件事情，甚至连那些非常不必要的事情都尽力做到最好。萨姆先生赢得了公司管理人员和员工伙伴的尊重和敬佩，而以身作则只是其中的一个原因。

我近年来就毕业后的第一份工作问题采访了很多大学毕业生，令我吃惊的是他们很多人都说想"从高层做起！"当然这是不可能的，因为必须有多年的经验积累才能学会公司有效经营所必需的知识和技能。在数年里从事多份工作并从底层做起学会一门专业，这能确保领导者把事业建立在坚实的经验基础上，萨姆·沃尔顿在整个事业生涯中就是这么做的，零售店里没有一份工作不是他亲身体验过的。顺便说一下，我们这些曾经和萨姆·沃尔顿共事的人都知道，他比我们任何人都更了解商业的内部运作，他的商业知识有极大的声誉，而员工伙伴也十分确信他具有领导者的决策才能。

萨姆先生拥有自己始终为之全力以赴的目标和梦想，作为活到老学到老的一个人，只要是更有经验的人给予的指导、新想法以及培训，他都乐于接受。萨姆先生在一生中不断设立和实现目标，最终一步步登上了商界顶峰，他就是詹姆斯·卡什·潘尼列举的存货管理员的例子，通过自己制订和实现目标的不懈努力而创造了历史。萨姆先生的目标倾向非常有趣，他实现商业目标的过程有点像体育挑战赛或某类型的比赛，他喜欢设立不容易实现的"弹性"目标,但同时却用参加体育比赛所需的热情和兴趣来追求这些目标。萨姆先生喜欢竭尽全力追求目标,并且喜欢为公司的其他人设立弹性目标,他在实现目标的过程中总是动力十足,并且把目标作为团结周围人的号召力。萨姆先生和大家一起为实现目标而奋斗,他在激发员工伙伴的动力和热情方面具备独特的领导才能,而这个普通人的团队一旦被激发起来就能获得出其不意的成功。

大家都知道萨姆先生拥有让一群普通人发挥不平凡表现的才能,换句话说,他可以让某个群体"以最小的付出获得最大的回报"。发现了如何获得"团队协同作用"的方法之后,萨姆先生充分发挥这个群体在工作中的团队力量,这就是他在沃尔玛获得非凡成就的一个巨大秘诀。萨姆·沃尔顿认为,要在商业和体育运动中获得成功,需要的是拥有共同目标、协同合作和全力以赴的团队,而不是各自为战的个人。

萨姆先生成年后的每一天都是在苦思冥想公司业务中度过的,当他承认这一点时显得略微有些尴尬。在独处的时光里,他总是不停地给各类产品以及能有更多更快销量的产品摆放方式"挑刺儿",要么就是思考能改善顾客服务的方法。我能想象这样一幅画面:萨姆先生在周日下午坐在家里门廊的秋千上"休息",手里拿着纸簿和钢笔在享受大脑运动的过程,此刻他正在不停地思索如何改善产品配送、减少花费、改善员工伙伴关系或降低价格。尽管萨姆先生非常注重家庭,但他同时也是一个商人,因此需要不懈做必要的努力来获得事业成功。

萨姆·沃尔顿凭借独有的专注创建了沃尔玛和萨姆俱乐部，他开创了一个视野并设立目标，然后激励大家为这些目标奋斗，他是一个充满激情和执著精神的领导者，也激发了别人同样的激情和执著。萨姆先生一生中遇到过很多反对者，他们认为他的这个或那个想法行不通，这些反对者有时是正确的，但是通常情况下萨姆先生证明了自己是正确的。萨姆先生在有生之年都在坚定和执著地追求自己的梦想，因为他要使沃尔玛成为零售业中最优秀的公司，我们从他身上学到了一条最重要的经验，那就是如果你愿意专注于自己的目标，并且你个人始终都致力于做必要努力来实现目标的话，那么你在将来会取得成功的。

我读过激励大师南丁格尔伯爵的一篇有趣的故事，篇名叫做《最奇怪的秘密》，他在其中向读者讲述了事业和生活成功的关键。在国内外作演讲时，我常常询问是否有观众想了解什么是最奇怪的秘密并要求把手举起来，而几乎所有的观众都把手举了起来。以下就是我对他们所说的话：无论你在人生中想实现什么目标，成功的关键在于"你目前在大多数时间里思考的是什么，你在未来就会变成什么"。如果你思考的是实现目标，并且肯花时间、花精力以及付出努力来实现这些目标，那么你在大多数时间里所思考的会变成你未来的样子。

如果你的目标是成为最好的运动员、医学专家、父母或商业领导，就花点时间想一想如何去克服困难，并且乐于学习一些必要的技能,这样的话你就极有可能成功。如果你想成为一个好的高尔夫球手,就必须考虑或想象自己成为优秀高尔夫球手时的情况,并且需要不断的练习、练习、再练习;如果你想成为一个好医生,就必须把所有精力集中在如何在这个行业中做到最好;如果你的目标是使自己的孩子拥有很强的适应能力,就必须把注意力集中在培养孩子上面。如果你是萨姆·沃尔顿并想建立有史以来最大的零售公司,就必须在早晨、中午和晚上思考如何来实现这一目标,这正是萨姆·沃尔顿为了实现沃尔玛的成功所做的努力。你要始终记得自己目前在大多数时间里思考的是什么,你在未来就会变成什么。我个人认为南丁格尔伯爵的《最奇怪的秘密》实际上应该被称为人生《最大的成功秘诀》,如果父母和教育家把这条经验传授给每个学龄儿童的话,那么我们这个社会将有可能取得巨大的成就,单单想象一下这些孩子变成成年人时可能取得的成就就可以了!

萨姆·沃尔顿获得的成功来之不易并且绝不是一夜暴富,而是一生不断勤奋学习所在行业的各方面技能,才最终艰辛地学会了所需的技能,他是通才而不是专才,非常看中那些乐于卷起袖子并全力以赴大干一场的人,因为这样可以推动公司不断前进。萨姆·沃尔顿希望各个部门的公司员工伙伴都能对这一行业有个宽泛和全面的了解,对关系公司成功的实质问题有自己确切的想法,要求沃尔玛的每个人都能像零售商那样思考和行事,并且希望周围的每个人能拥有和他同样的专注、热情以及恒心。

　　与个人取得的成就相比，萨姆先生更看中团队合作取得的成就，因为他认为沃尔玛的成功理论是"能获得最终成功的是团队合作而不是单个人"！有趣的是，由于萨姆先生拥有超凡的领导魅力，绝大多数员工伙伴都赞同他的"团队成功"理论，并且都热情地为沃尔玛打败竞争对手而共同努力。

　　在通常情况下，领导人很难让他人以同样的热情为集体目标而奋斗，当体育教练、教会领导人以及商业领导人试图让自己的团队、教众或公司员工伙伴和自己一样为实现目标而激情满怀时，他们会遇到同样的挑战。造成这种状况的原因有时是这些领导人在封闭和隔离的状态下设立目标，而没有把整个团队考虑在内，人们会对不切实际的目标缺乏激情，因此让大家都参与目标设立的过程是很重要的，这样他们会认为最终的性能指标是可以实现的。萨姆·沃尔顿能够让自己的团队为实现目标而不懈奋斗，其中一个方法就是让每个人在目标设立的过程中都出谋献策，因此员工伙伴会为实现目标而不懈奋斗，萨姆先生把这称之为"主人翁责任"。萨姆先生发现那些参与目标设立的人比领导人更倾向于设立更高的目标，因为主人翁责任感促使他们为实现目标而尽心尽力。

　　萨姆·沃尔顿在对待员工伙伴方面有三个重要的文化目标：第一个目标是他尽全力去雇用所能发现的最优秀的人才；第二个目标是他致力于为员工伙伴提供最好的培训和发展机会；最后一个目标是他希望自己的商店能成为最好的工作场所。由于能胜任零售店工作的人十分有限,萨姆·沃尔顿常常雇用一些热情、态度端正以及人际技能优秀但从未有过零售经验的新手,并且向大家证实了你可以吸纳有潜力的新手,并且教会他们胜任工作所必需的知识和技能。

萨姆先生把员工伙伴重新分配,让他们从事以前没有接触过的新工作,这对他而言是再经常不过的了,并且这样有利于促进交叉培训。人们不曾忘记萨姆先生早期雇用的员工伙伴就是来自阿肯色州西北部、俄克拉何马州东部、堪萨斯州东南部以及密苏里州南部的农民,和萨姆先生一样,他们都是对成功有着不寻常渴求的普通人和一般人。在给这些农民一份工作和一个机遇之后,这些早期员工伙伴证实了他们无愧于萨姆先生的信任,并且用不朽的忠诚作为回报。萨姆先生激励式的领导才能成为了一条标准,并且至今还用来衡量沃尔玛和萨姆俱乐部的领导人。

我首次加入沃尔玛时发现很多员工伙伴都是来自阿肯色州西北部的农场社区,对此我感到十分震惊和惊讶,他们大多数人没有上过大学,而大学本科毕业是在大公司供职的一个基本先决条件。萨姆先生总是雇用那些没有工作经验的员工伙伴,把他们安排在总公司工作,并让他们在每个职能部门轮流担任责任重大和专业性强的职务,希望这些员工伙伴通过岗位学习来充实和完善自己。对于萨姆先生而言,通过雇用或升迁而让员工伙伴从事以前未接触过的工作是非常正常的。最让我感到吃惊的是,萨姆先生究竟用了什么方法把普通人变成了异常优秀的员工伙伴,我请求一个沃尔玛前任经理讲述相关的战略，以下就是他的话：

  萨姆先生有自己的一套方式，能够把吸纳进公司的普通人变成高质量的人才，这一点是这样体现的：很多进公司的人以前只是大街上的"普通人"而已，然而七八年或十年后再看见他们的时候，你可以观察一下他们此时在公司的情况。我认为要从基本做起，起初你把他们当作合作伙伴并分享尽可能多的信息，然后在人人都想成功这个假设的基础上开展经营管理。无论你是商店经理、经理助理还是部门经理，你的工作职责都不是训斥员工伙伴或惊扰这个员工群体，而是在人人都想成功这个假设的基础上开展经营管理，并且尽自己所能来帮助他们获得成功。如果有人不符合要求，沃尔玛不会轻视、忽略或替换他，那些领导人员会说先别着急，这位员工伙伴想获得优异的表现，而有些东西阻碍了他的优异表现，这个障碍是什么呢？他们会询问该员工伙伴在前进途中遇到了什么阻碍，以及怎样帮助他克服障碍才能获得优异表现。沃尔玛领导人员会一直顺着这个思路走下去，直到穷尽了所有办法才会让那个员工伙伴离开，这就是沃尔玛指导过程的全部内容，这不是训练过程而是一个促成他人成功的过程。当你认识到自己被当作一个合作伙伴来对待，并且公司所有注意力都集中在如何帮助你获得成功时,我认为这的确会改变公司里一部分人的动力。

沃尔玛领导人至今仍激励全球的普通人去实现更高层次的成就,公司的员工伙伴培训战略异常成功,从而有力地证实了萨姆·沃尔顿的领导理论。我曾经在其他公司供过职,但没有一家公司有意地在雇用一般人或普通人方面付出过努力,事实上,几乎所有公司的领导人都骄傲地宣称自己雇用的是高质量或杰出的员工伙伴。不幸的是,他们的努力通常造成了这样的结果:那些拿高工资的高水平员工伙伴却在岗位上表现平平,这些领导人"以最大的付出获得最小的回报"。沃尔玛一个主要的成功秘诀就是,它能吸纳那些态度端正的员工伙伴,教导他们获得优异表现所必需的技能,并最终"以最小的付出获得最大的回报"。

萨姆先生喜欢从公司内部提拔一些没有经验的员工伙伴,并给他们一个获取成功的机会,他自己很清楚这是在挑战他们的潜能极限,并把这称为"选才要趁早",萨姆先生对他人的这种信念创造了获取成功的自我实现预言。萨姆先生的员工伙伴培训战略部分重在激励,部分重在逼迫,他对员工伙伴的相信和信任能充分激励他们,而逼迫感则来自于他们害怕失败以及害怕让萨姆先生失望,这驱使着他们尽全力获得成功。这些员工伙伴缺乏知识、技能和能力,而他们的热情、恒心以及勤奋弥补了这一缺憾。萨姆先生遗留下来的员工伙伴培训战略直到今天依然风行全球，沃尔玛里大概75%的管理职位空缺是通过内部提拔态度端正、人际技能优秀和有职业道德的员工伙伴而填补的。

被提拔到领导职位而又没有经验的员工伙伴不在少数，如果你认为他们有些人会失败的话，那么你就对了，他们有时是不会成功的。与现在的那些公司相比，萨姆·沃尔顿做了一些非同寻常的事情，他让这些没有成功的员工伙伴回到职位更低和责任更少的工作岗位上。我在人力资源部门工作了25年，我所接受的培训就是降级和降薪是驱除灾难的良方。降级在这个社会上被打上了负面的烙印，它意味着失败并表明了被降级的那个人不是足够优秀的，而在沃尔玛却不是这种情况。出于必要的考虑，萨姆先生不得不在员工伙伴做好准备之前把他们提升到责任更大和更高的职位上去，这样的事情在过去的每天都在发生，而且至今天天还在全球上演。在大多数时候，那些被"趁早提拔"的人富有热情并为成功而努力，从而弥补了自己的不足并通过全力以赴获得了成功。而有时提升的过早会导致失败，这些员工伙伴不得不"退回原处"（沃尔玛用于降级的一个术语），但十次有八九次他们的确成功了。

我曾经在沃尔玛总公司遇到过这样的员工伙伴，他被不止一次地升级和降级！和其他公司不一样，在沃尔玛被降级或"退回原处"不会被贴上耻辱、羞愧的标签或打上耻辱、羞愧的烙印。每个人似乎都理解，由于被"趁早"提拔的员工伙伴众多，因此时常会有人不能胜任挑战而退回原处。让我感到惊奇的是，降级在实际生活中发生的几率非常小,我想萨姆先生的话可以拿来作为解释,那就是"我们的员工伙伴求胜心切,即便其中有些人认为自己不会成功,他们还是全力以赴并最终实现了目标"。

我认为萨姆先生领会到了这一点,那就是人们渴求责任并希望向自己以及他人证明能够胜任挑战,他意识到每个人的潜力都没有充分发挥出来,如果领导者一旦提供了一个成功的机会,他们就会竭尽全力证明自己会获得成功。大多数人都希望有机会证明自己能胜任更多的责任,这是人的本性。一旦萨姆先生把领导责任赋予了这些人,我认为一些被升职的人的确会驱使自己获得成功,因为他们不希望萨姆先生失望。

所有领导者都能从萨姆先生内部提拔人才的经历中学会这样一课,那就是要在别人没有做好准备之前就赋予他们责任。如果一个人拥有良好的人际技能、很强的职业道德并表现出学习的意愿,为什么不给他们一个在更高职位上发挥领导才能的机会呢?作为一个领导人你会发现,给他人一个充分发挥潜力的机会之后,他们基本上是不会让你失望的。有时从一段较长的时间来看,一个在过去始终从事此项工作而且经验丰富的人可能还没有一个经验不足、刚刚被提升并急于想证明自己能胜任挑战的人有更优异的表现。

在提升没有经验的员工伙伴方面,成功的事例还是占多数,原因之一就是萨姆先生创造了积极的自我实现预言;也就是说,他对员工伙伴的信任超过了员工伙伴对自己的信任,从而给予了他们勇气或支持，这也许是他们在充分发挥自己潜力的过程中非常需要的。我认为萨姆·沃尔顿比那些普通人自己更相信他们的能力，他的方法其实很简单，就是找寻一些态度端正的人，然后他们随即会尽全力来获取成功。萨姆·沃尔顿在选才时从不在意他们的年龄、性别或人种，因为这些对于他来说并不重要，重要的是提升那些具有内在潜力和热情的有用之才。萨姆先生吸纳了那个有动力、有想法并有奉献精神的人才群体，因为他知道自己能教会他们其他的一切东西，萨姆先生在其中起着催化剂的作用，鼓励那些人去实现他们从未想象过的成就，他的鼓舞给了这个人才群体充分的信心，这是他们获得成功所必需的。萨姆先生总是这样，他从来不把升职员工伙伴获得的成就归在自己身上，而是归于他们自己对成功和胜利的强烈渴望。

大多数公司领导人不像萨姆先生这样会迫切地把员工伙伴提升到领导岗位，其中有些人会说提升没有经验的人在自己公司根本就行不通，而萨姆先生却常常挑战世界上"循序渐进"的传统思维。这些公司领导人对萨姆先生一些最优秀的想法进行了抵制，而转向了坚持经考验证明是好的并更常规的领导方法。萨姆先生认为，在尝试新的、非常规的方法并拒绝传统思维时，人们常常会发现最好的机会，他喜欢开拓创新并认为这是找到竞争优势的途径。实际上，沃尔玛的交叉培训和选才要趁早的战略在其他公司行不通的唯一原因就是，那些公司领导人根本就不相信什么自我实现！而萨姆先生在员工伙伴培训战略里就是一个"范例破坏者"。

　　范例通常被认为是一种观念,人们把这种观念当作评估新信息的模板。在生活中,范例常常是经考验证明是好的那种做事方法,这可以说是传统思维或每个人都要遵循的做事方法。在我们生活的各个领域和方面都存在范例或一些固定看法,有时这些范例会使我们成功,有时却无法带给我们成功,而是阻碍了我们并使我们陷入了平庸。

　　为了更好地说明这一情况,我给大家举一个很多人都知道的地理范例的简单例子。如果我说内华达州里诺位于加州圣地亚哥西部的话,我想很多人会不同意这个说法,你的地理范例告诉你,圣地亚哥的西部全部都是大海,而内华达州里诺位于加州圣地亚哥西部的确是事实。当碰到挑战自己现有想法或范例的信息时,很多人甚至在理性地知道新信息正确时仍对其进行否定,他们宁愿在地图或地球仪上查找更多的信息来证明自己是正确的,也不愿意去证实新信息的正确性,甚至当事实证明了新信息是千真万确之后,一些人还会变得慌乱或困惑,原因就在于这些新信息和自己的现有看法相对立,而人们有时干脆就对那些正确的新信息进行抵制。

　　范例有很大的力量,因为它代表了我们对现实的理解和感知,并且有时会坚持自己的错误理解,这就是人们很难接受改变的原因之一。萨姆·沃尔顿把改变当作一个非常受欢迎的朋友,他是一个真正的范例破坏者,因为他总是致力于挑战传统思维。

以下这些话可能是你想对萨姆·沃尔顿以外的所有人说的：其他人都使用这种方法，你也应该照着做。当面临这种逻辑的时候，萨姆先生肯定会朝着相反的方向走，并试着发现他与众不同并独一无二的"沃尔玛方式"。

我从萨姆先生身上学到了一条非常宝贵的经验，那就是每个领导人都需要了解人们对改变的接受程度，并试着让他人去了解改变背后的原因，而不要把焦点集中在让他们赞成这种改变上。现实情况就是并非每个人都需要对改变持赞成态度，但是他们的确需要了解改变背后的原因并致力于实施这个改变。当领导人试图让他人了解改变的原因并不再寻求对改变的赞成态度时，这个改变会发生得更快。就一个公司或组织而言，员工伙伴可以对改变持否定态度，但是他们必须了解并适应这个改变，否则将会面临严重后果。萨姆先生是一个沟通大师，当需要在公司发展方向上实施或大或小的改变时，我曾看到过他对这一方法的成功运用。

萨姆先生在事业发展初期制定了一系列价值标准，这是他后来在整个事业生涯中都始终信奉的，他非常重视员工伙伴的成长和发展、顾客服务、用别人希望的方式对待别人、做任何事情都注重质量、行动要职业化并遵循职业道德、竞争精神和获胜的意志、不断学习并不断改善生产力。每次在萨姆先生身边时，他的为人处世总能让我想起一个或多个这样的信条。

有些暑期大学实习生来公司工作过，我曾看到和听到萨姆先生和他们交流的情景，萨姆先生对他们的教育、事业和家庭很感兴趣，我被他表现出的这种真诚所打动。我非常清楚萨姆先生用希望别人待他的那种方式来对待别人，他从沃尔玛建立之初直到去世都始终信奉这些黄金法则价值标准，而沃尔玛领导人员至今还在信奉这些标准。在过去的许多年里，我发现自己在工作和个人生活中都在使用萨姆先生的这些价值标准。

　　萨姆先生非常重视周围的人，因此认为自己把时间和努力花费在与同事、顾客、供应商以及沃尔玛股东交流上是正确的。他有一架飞机，几乎每周都乘飞机去往各个商店探访。我记得自己曾试图跟萨姆先生确定一次会议，结果被他的行政助理告知，他对这种预期会议的束缚非常厌烦，因为他很可能在没有或几乎没有提前通知的情况下临时决定飞往某个商店。当公司规模还比较小的时候，他给自己制定的目标就是每年亲自去一趟各个商店，而当商店数目发展到上千家时，这个目标很快就变得遥不可及了。众所周知，他总是在没有预先通知的情况下去自己的商店，并且在商店四处走动时与顾客和员工伙伴交谈，他们会发现萨姆先生非常亲切和平易近人。

　　萨姆·沃尔顿的很多优秀想法是从竞争对手那里学来的，当他飞往全国各地时会拜访同行的商店，亲自观察他们的顾客服务、产品挑选以及销售方法。在事业发展早期的时候，萨姆·沃尔顿常常就自己在其他零售店观察到的战略问题和该公司总裁一起开会磋商，他是一个创新者，但是却愿意模仿他人的成功战略，事实上他最终的成功是毕生模仿和创新的结果。萨姆先生是一个孜孜不倦的求知者，如果公司总是像以往一样是不会令他满意的，因此他总是在寻求更好的方法，对他而言那些好的东西永远都不够好。

沃尔玛的创建几乎不存在什么幸运因素，萨姆·沃尔顿的成功部分取决于他的远见，部分取决于他独有的专注，其余部分则取决于他的勤奋，他对成功的追求体现在一生对卓越的无止境追求上。萨姆先生是第一个承认这一事实的，即沃尔玛的成功极大超出了他的期望，把沃尔玛发展成全球最大的公司从来都不是他的目标，他只是梦想着把沃尔玛建成最优秀的企业。萨姆先生总是对别人说，沃尔玛的成功更多的是由于员工伙伴的努力和奉献，而不是他自己的付出。从本质上看，沃尔玛的成功直接归功于它的创始人和早期员工伙伴，这些员工伙伴致力于实践他的乡村折扣零售战略，而在这以前这种战略还从来没有人实施过。在事业初期的艰难岁月里，萨姆先生在毁灭性的批评中依然积极实施自己的乡村折扣零售战略，这证明了他毫不动摇的恒心、热情和远见，他对沃尔玛的狂热也激励周围的人和他一起分享这个梦想。

著名的管理学专家罗伯特·格兰烈曾经说过："如果没有梦想，就很难取得大的成就；要取得巨大的成就，就必须有伟大的梦想。把梦想变成现实需要的不仅仅是一个梦想家，但是梦想是实现成功的第一要素。"萨姆·沃尔顿梦想沃尔玛能成为世界上最优秀的零售企业，而这个梦想恰恰变成了现实，同时他也成为了有史以来最成功的商人。萨姆先生付出了很多艰辛努力，比竞争对手更勤于思考、更努力工作、更善于拟订计划以及更好地实施计划，在这个过程中，他的公司成为美国最优秀的零售企业，也成为了世界上最大的公司。他在那些岁月里获得了许多奖励和承认，其中之一就是被《财富》杂志的封面报道称为"美国最成功的商人"，这是他其中的一个事业顶峰。

由于我曾经读过成功人士的有关报道并对其中一些人做过研究，例如企业家、公司创始人、商业领导、体育教练、教育家、政治领袖以及宗教领袖，因此发现他们和萨姆·沃尔顿一样都拥有独有的专注，都有自己的想法或梦想并对此极为热衷。为了使梦想成为现实，他们乐于尽一切努力，甚至当自己的想法公然违抗传统思维时仍会持之以恒；甚至被别人告知这些想法行不通时，他们仍能不可思议地集中注意力；当大多数人轻易走开的时候，他们仍在坚持着自己的梦想。正是这种独有的专注把伟大的教练、牧师或教育家同那些不够好的教练、牧师或教育家区分开来，把最好的会计师同一般的会计师区分开来，把优秀的销售和服务人员同拙劣的销售和服务人员区分开来，把那些发挥至关重要作用、表现优异的计时工资工人同那些只是做样子的计时工资工人区分开来，把伟大的护士、优异的学生以及卓越的政府工作人员同那些从不在乎病人、成绩或百姓的护士、学生或政府工作人员区分开来。专注和持之以恒是一种选择，这并不是生来就有的，但是给予每个人的机会是均等的，人人都可以为充分发挥自己的潜力以及做到最好而坚持不懈。

例如，我曾经在卡耐基音乐厅里观看女儿希瑟在交响乐团演奏中提琴，我想起她过去多年里不得不参加一些补习同时也做出了很大牺牲，正是这些使她成为了一个才华横溢的音乐家。希瑟总是一个钟头接着一个钟头地不断练琴，她总是执著于自己的梦想，结果获得了在大音乐厅里给众多观众演奏的机会。那天在观看和倾听演奏的时候，我意识到她音乐上的巨大成就直接源于她的远见、自我牺牲和持之以恒，这其中根本不包含幸运的因素，而是她的勤奋和执著给了自己获得最高音乐成就的机会。如果希望自己的努力能获得成功，你也需要同样的热情和执著。

当萨姆·沃尔顿的管理团队每天踏上竞争场地的时候，他们都满怀着同样的热情和执著，因为他们知道只有竭尽全力才能超越竞争对手并赢得胜利。我总是感觉到无论在体育、商业还是人生中，如果你一开始就坚持不懈并认为自己会成功的话，那么你多半最终都会成功的，反之亦然。萨姆先生有关成功的看法在卡尔文·库利奇的话中得到了很好的体现："这个世界上还没有什么能取代坚持不懈，才华取代不了坚持不懈，才华横溢而不成功的人是最常见不过的了；天才取代不了坚持不懈，从未获得过任何赞赏的天才几乎是尽人皆知的事情；教育取代不了坚持不懈，这个世界到处都是被遗弃的受过教育的人，而只要能坚持不懈和拥有坚定的决心就是全能的了。"萨姆先生就是这样度过自己一生的，他教导员工伙伴每天都要取得大的进步。

无论你希望在人生中实现什么目标，你的想法和态度从一开始就会影响到自己最终是成功还是失败，如果你认为自己会成功，你很可能就会成功；如果你认为自己会失败，你很可能就会失败。积极思考具有很大的力量，你必须在一开始就把目标铭记在心并相信自己会赢。积极思考会导致积极结果，消极思考会导致消极结果，其实就是这么简单，萨姆·沃尔顿从来都不曾怀疑自己会成功。挑战自己、做到最好并总是保持积极的人生观，那么你会发现自己的成就会超过以往的想象。

萨姆·沃尔顿把自己有关领导能力的价值标准传授给团队的其他人，他以下的这段话是对这种精神的最好诠释：

> 在我看来，我们获得成功的方法就是行动，并且是需要付出艰辛的行动。我们过去多年一直在说：大胆去做、大胆去尝试、大胆去解决，这是个不错的方法并且很奏效。拥有伟大想法的人有很多，但是如果没有行动，再伟大的想法也是没有意义的。我们必须成为以行动为主导的实干家，并且还会在行动的过程中获得许多乐趣和巨大成就。

正如萨姆·沃尔顿的成功一样，你获得成功的唯一重要因素就是每天都致力于那些能把自己向目标推进的事情。即使再长的旅途也是从第一步开始的，一旦你下定了决心，就必须朝着目标的方向不停往下走，成功不会源于一个偶然事件、机会或幸运，而是你不停勤奋努力以及在行动中不断犯错误的结果。我从萨姆先生身上学到，成功的关键在于每天都要有所作为，从而使你往成功的方向不断前进。如果你把自己的目标分解成一系列逻辑性步骤的话，那么这会使最终目标的实现显得容易一些，有人曾经这么说过："如果每天前进一小步，做任何事情都会很容易；如果每天前进一大步，做任何事情都会很难。"这也能使你在一步步走向成功目标时拥有一种满足感。

拥有一个好的想法，然后集中精力把它变成现实并坚持不懈地走下去，这样你就会获得成功。无论你从事的是什么职业，这些有关勤奋和坚持不懈的经验适用于每个人。成功的公式非常简单：坚持你的想法、实施预计内的冒险、把所有精力集中在目标上，并且为了使目标成为现实而每天都有所作为。如果你能把自己的执著保持在这个水平，那么你在大多数时间里所思考的会变成你未来的样子。

举个例子，我还是在大学一年级新生时便试着加入足球队，当时的目标只是当一名足球队员而已。我记得那年有很多新生都想加入足球队，如果希望抓住为数不多的机会就要有突出的表现。

从第一天开始我的战略就是比竞争对手更努力并且表现得更出色，以下就是我所做的努力。我们教练在健康方面一丝不苟，因此在每次练习开始之前都会让我们绕着操场跑十圈作为热身,这个长度大概是2.5英里。从第一次练习开始时,我就下决心要比其他人跑得更努力,试想一下这样一幅画面:25个选手挤作一团在跑道上慢跑,而有一个选手是在奋力奔跑并和那些人远远地拉开了距离,这个人就是我。我每天的目标就是在十圈以内跑得足够快并处于领先位置,因此教练从第一次练习时就开始注意我了。每次练习时我都是跑在最前面,当教练后来宣布新生足球队队员名单时,我就是其中之一,我不但加入了足球队,还成为了大学一年级每次比赛中的发令者之一,在第二个赛季中教练任命我为足球队队长。你在大多数时间里所思考的会变成你以后的样子,我对加入足球队的坚持不懈就是一个真实的例子。商业和人生中的成功很大程度上取决于你的态度和选择,你可以选择做到最好,也可以选择去做那一队慢跑成员中的一员,选择是你自己的。

　　我给大家讲一个萨姆·沃尔顿致力于成功的故事,当我去沃尔玛总公司的员工部担任人力资源经理时,有机会亲身感受萨姆先生的领导能力和职业道德。我在周日一大早就到了总公司,准备给一个外地的新募成员进行面试,我是不久前在他下榻的本顿威尔品质客栈偶然结识他的。他的第一轮面试安排在早晨7点钟,我们走进管理人员办公区域时要路过萨姆先生的办公室,我惊讶地发现他竟然正坐在办公桌旁。当第一轮面试结束时,我拐回去看看萨姆先生在忙些什么,便询问他周日早晨7点钟在办公室能做些什么以及什么时候来的公司。事实上，萨姆先生那天早上 4 点就来公司了，而他来公司工作的原因令我震惊，他说早晨来得这么早是想做一些实质性的工作。在那一周里，萨姆先生不得不参加一连串的会议和访问，使他几乎没有时间整理思绪来思考如何完善企业。随着公司越来越成功，他自己能支配的时间也越来越少，对此他感到十分痛惜。萨姆先生凭借自己的头衔也或多或少地成为了名人，在所到之处都会被要求签名或合影，他说非常希望在其他员工伙伴到来之前独处一段时间而不受打扰，从而为当天要做的工作进行一些思考。萨姆先生说自己每周大多在早晨三四点上班，他比其他任何人来得都要早，这样能够再回顾一下前一天的销售报告。

　　沃尔玛管理人员也都不睡懒觉，有些人在早晨 5 点就来上班了，他们的职业道德是公司的竞争优势之一，试想一下：当美国东海岸的零售业管理人员还在睡梦中的时候，萨姆·沃尔顿已经坐在办公桌旁开始了一天的工作；当沃尔玛其他管理人员在美国中央时区早晨 5 点开始上班的时候，东海岸的管理人员才刚刚起床；当任职于沃尔玛竞争对手公司的大多数管理人员在美国东部时区上午 9 点到达办公室并喝着第一杯咖啡的时候，本顿威尔的经理们已经在工作了，或者已经召开了两三个或四个会议了；当美国西海岸的零售商在太平洋标准时间下午 5 点离开办公室时，那些本顿威尔的零售商还在继续工作，并会一直工作到美国中央时区晚上 8 点或 9 点。沃尔玛领导人员为了深爱的公司所付出的努力和牺牲是我以前不曾看到过的，一些总公司的管理人员以及配送中心和商店的经理一周工作 75 到 90 个小时甚至更多！随着跨时区全球性经营的发展，处理世界各地业务的压力使那些领导人员需要不懈努力和长时间连续工作才能赶上工作进度，从而"为自己的团队赢得一席之地"，他们目前的执著和萨姆先生 40 年前开设第一家店时的执著是一样的。

我在沃尔玛总公司里亲身感受到了这种职业道德，我总是在早晨 7 点到达公司，由于我来得很"晚"，因此不得不在停车场上退后八到十排车子才能停车。在步行去总公司大楼的时候，我总会路过比我早到的同事的车，并且看到有些车子总是停靠在离大楼最近的那几排。当然，萨姆先生的小卡车总是停靠在离大楼最近的那一排。当我在傍晚 6：30 或 7 点下班时，那些停靠在离大楼最近的几排车子大多还在，沃尔玛员工伙伴的职业道德是我以前从没有看到过的，并且至今也没有在其他地方看到过。

萨姆·沃尔顿的职业道德是远近闻名的，他的成功理论是"早睡早起可以使一个男人（或女人）健康、富有和聪明！"我后来把这一战略应用到自己的人生当中，常常在早晨 4 点起床就开始工作了。我发现在清晨工作是一个非常好的方法，这样可以从当天的工作中摆脱出来提前完成任务并且不受任何打扰。如果一种方法适用于萨姆先生，我认为它对于我也会非常适用。沃尔玛员工伙伴在分享萨姆先生的职业道德，我注意到公司经理非常乐于长时间连续工作来完成任务，而在我以前任职的那些公司中，没有一家公司拥有像沃尔玛这么多的工作任务。我可以告诉你，我记得自己在傍晚离开时，从来没有一次是完整地干完了所有工作，要完成所有的任务是不可能的，我认为这是萨姆先生让我们每天都备受挑战的计划之一！我可以告诉你，对于我们这些希望每天都能完成任务的人来说，在那样的任务量下工作会有非常大的压力。

正如萨姆·沃尔顿所有的十条法则一样，"要**全力以赴**以期获得成功，并总是充满激情"仍被沃尔玛领导人员用于大胆的实践。公司目前的管理人员说自己仍然每天 6：00 或 6：30 来上班，仍有不少人每周都要去商店探访以及参加所有高层领导都出席的周日清晨战略和策略会议，他们依然在自己公司的商店购物，同时也去竞争对手的商店购物。由于对参与竞争和获得胜利有着极大的热情，这些沃尔玛管理人员依然以萨姆先生为榜样，继续比竞争对手更努力工作来赢得竞争。

在过去的许多年里，那些有兴趣去沃尔玛工作的人一直问我一个问题，即在我看来他们是否应该去那里工作，我的回答是："如果你是一个团队意识很强的人，乐于比以往任何时候都更努力工作，并且乐于为公司的成功献身的话，那么你不会发现还有哪家公司会提供比沃尔玛更多的机会。"但是我也同样指出，如果他们的确在沃尔玛工作的话，保持工作和个人生活的平衡是每个人或家庭面临的最难解决的问题。为沃尔玛工作需要一种不可思议的执著，这并非对每个人都适用，但是我对他们说除此以外将永远都没有机会和这个全球最执著和努力的团队合作了。去沃尔玛工作的大多数人都能适应这种积极进取的文化,但是一些人却完全适应不了。

在去沃尔玛工作之前我也在要求苛刻的其他公司工作过,其中包括我妻子家族的一家出版公司。我与生俱来就有很强的职业道德,因此认为适应沃尔玛积极进取的工作标准对我来说应该是很容易的转变,然而实际上却不是这样,萨姆·沃尔顿在时间方面要求的献身就非同一般。由于他自己以身作则,公司管理团队的其他人也非常乐于跟随他的脚步,我工作的强度和长度是以往从来都没有过的。由于萨姆先生实施节俭的员工伙伴培训战略,我不得不精打细算和自我挑战,希望能获得比预期更大的成就。在周围同事的帮助下,我知道了如何像其他人一样把每天最重要的任务完成。

既然你现在已经对萨姆·沃尔顿的理论有所了解,那么就让我问你一个问题,你愿意在时间、精力和努力方面付出代价并且为沃尔玛的成功而在个人生活方面做出必要牺牲吗?实际上,如果你期望实现目标或期望周围的人和你共同努力奋斗的话,你自己就必须要坚持不懈。作为一个领导者,如果你乐于以身作则的话,你的职业道德、标准以及执著会发出一个强有力的信息,因为"行动要比言语更为有力"。在沃尔玛,萨姆·沃尔顿将这称为"用行动来代替语言"。

对于一些萨姆·沃尔顿自己都不愿意做或办不到的事情,他从来不会强加给任何人，他认为如果你期望他人以高标准办事，就必须首先为自己的表现设立高标准。萨姆先生向大家展示了自己非常乐于长时间连续工作以及在商店和配送中心与客户或员工伙伴直接交谈，从而发出了这样一个强有力的信号，即期望管理团队的每个人都能营造这样的文化氛围，他信奉的这些标准已经成为衡量沃尔玛现任以及未来管理人员的标准。

在通往成功的道路上，萨姆先生对工作的投入是 100%，他所做的决定要求自己在个人生活中做一些牺牲，包括没有时间陪伴自己的妻子和孩子。萨姆先生的妻子海伦所给予的支持是他能够把精力集中在事业上的关键，他非常幸运能有一个像海伦·沃尔顿一样乐于照顾家庭的妻子，从而给予了自己追求梦想所需的自由。如果没有海伦·沃尔顿给予的情感支持，萨姆·沃尔顿的公司不会像今天这样成功。

海伦·沃尔顿非常愿意为丈夫作牺牲，并为他的梦想给予支持，并非每个人都拥有像海伦·沃尔顿这样有牺牲精神的伴侣。当萨姆先生创业初期在银行贷款方面遇到困难时，她帮助丈夫从自己父亲那里获得资金。萨姆·沃尔顿可以称得上是沃尔玛的创始人，但是是海伦·沃尔顿在整个事业生涯中给予他支持和机会，使他能够集中所有精力把沃尔玛发展得如此成功，如果没有她的支持，谁知道会出现什么情况？

正如萨姆·沃尔顿的真实事例所表明的，获得商业或人生其他方面的成功需要付出代价，通往成功的道路绝非是容易的。如果不愿意勤奋工作或在时间方面做出必要的牺牲,那么你就会发现那条实现目标的道路会异常艰难。不幸的是,单单只有勤奋不能保证你的成功,你要像萨姆·沃尔顿一样有好的想法、一心一意地信奉并顽强地追求它,这就是萨姆·沃尔顿和沃尔玛做事的方式。你可能会有别人不曾想到的好想法或商业理念,但是如果背后不付出努力是不可能取得任何成就的。有一个非常好的由十个英文单词构成,而每个单词又是由两个英文字母构成的句子,我认为这对萨姆·沃尔顿如何看待个人付出和实现梦想之间的关系作了很好的总结:我的未来取决于我自己!

　　请一再地读这个句子,然后把它内化成你自己在工作和生活中的成功战略。我认为这句话对成功非常重要,所以过去多年里我一再向儿子保罗、女儿希瑟以及侄子罗斯和罗杰重复这句话,希望他们能把这句话内化成自己的东西并在面临挑战时应用这一理论。这句话蕴涵着一条最重要并最有效的经验:无论做任何事情,包括对商业或事业追求之外的事情,你个人的付出都要追求一个适当的高度,这可以是竞争、教育、情感、社会或精神方面的。当你为解决问题而寻求答案时,答案往往取决于你自己。每天都争取有所作为,这样就能离目标的实现更近一步,无论想取得什么成就,你只要信奉了"我的未来取决于我自己",就会获得成功!

　　萨姆·沃尔顿总是持一种"充满干劲"的积极态度,他好像总是以乐观的态度来看待这个世界,并且相信你播种什么就会收获什么，从而创立了自己积极的自我实现预言。消极地看待问题会得到消极结果，而积极的看待问题则很可能得到积极结果。萨姆先生对那些悲观的人没有很大耐心，这些人总是在还没开始时就表现出一副气馁的样子，在他看来那些说自己不会成功的人实际上是在说："我不想尝试。"萨姆先生是乐观派的代表并且非常自信，认为只要是自己下定决心干的事情都能成功，他的成功公式就是：信念＋努力＝成绩，并且认为消极态度、缺乏信念以及不努力是注定要失败的。在萨姆·沃尔顿的世界里，有这种思维意识的人"需要给那些正在努力的人让道"！温斯顿·丘吉尔抓住了萨姆先生信念的实质，他说道："一个悲观的人在每次机遇中看到的总是困难，而一个乐观的人在每次困难中却总能看到机遇。"萨姆·沃尔顿总是非常乐观，当别人把面临的挑战说成是"问题"时，他总是迅速予以纠正并告诉他们，沃尔玛和萨姆·沃尔顿总是把"问题"说成"机会"。

萨姆·沃尔顿是孜孜不倦的求知者，他总是不停地改善自己各方面的经营，我认为他对卓越的不懈追求可能源于中学和大学时踢足球的经历。要想成为某个体育领域中最棒的选手，你必须集中精力、努力锻炼、练习具体技巧以及经常改变饮食，必须为了实现卓越而乐于奉献，总之，成功需要自律。为了获得极致的表现，你必须训练你的身体以及思想，当你克服那些先天的可能不足或发挥上天赐予的才华时，就必须找到并创造自己的竞争优势。萨姆·沃尔顿在体育方面不是显赫的人物，但他却致力于做到最好并希望通过努力成为优秀的运动员。萨姆先生会是你见过的最具竞争意识的人之一,他对沃尔玛管理人员、经理和员工伙伴抱有同样的期望,希望他们也能积极参与竞争并获得成功。

在事业发展初期,萨姆先生很可能被批评为是一个勤奋但不聪明的人,因为他在面临挑战时宁愿在行动中犯错误也不愿意无所作为。对于那些萨姆先生所缺乏的知识和战略,他总是通过勤奋工作以及把知识和战略应用于实践来予以弥补。幸运的是,萨姆先生在事业步入轨道之后就聘用了非常优秀的战略家和策划人员,大多数的小企业主都能对他积极采取行动的一贯做法产生共鸣。像萨姆先生一样,很多人都在用这种"预备,开始,跑"的方法来经营企业和人生;当对一些问题拿捏不准时,他们宁愿在行动的过程中犯错误,因为这样就可以切实地做些事情来使自己不断前进。很多人一生中都在使用这种方法,但由于对战略缺乏清晰的界定,最终导致他们很疑惑为什么自己没取得更大的成就。如果你也属于从不制订计划的这一类人,那就花时间把你的目标写在纸上,这样就会发现实现目标的几率将大大增加。不把目标写在纸上就会患商业精神失常,这意味着你总是按照以往的方式来做事情,并且期望获得一个不同并更好的结果。

作为一个领导者,你如何让他人也拥有和你同样的执著?身为领导者,萨姆·沃尔顿拥有让他人也以沃尔玛方式办事的独特能力。当萨姆先生在世的时候,沃尔玛管理团队就采用了他的理论并至今仍以他为榜样。在沃尔玛,要么你是整个团队中的一员并致力于实现公司的目标，要么你从团队中撤出并把公司目标放在一边，不是黑就是白，绝没有中间地带。你不可能横跨在沃尔玛那条执著和不懈努力的线上，要么把双脚跨进来、进而为公司目标坚持不懈和全力以赴，要么把双脚跨出去、离开公司去追求自己的利益，三心二意的付出或一只脚在里一只脚在外在这个全球最大的公司是行不通的。

萨姆·沃尔顿有很多有趣的方法，可以把脚踏实地的员工伙伴同三心二意或不努力的员工伙伴区分开来，那些三心二意或逃避责任的员工伙伴是没有藏身之地的。为了成为萨姆·沃尔顿团队的合作者，你必须像零售商一样思考、提供上乘的顾客服务、以恰当的方式待人并且亲自去公司考察。总公司所有经理都要求每周工作五天半，其中包括参加公司著名的周六晨会，这本身就要求做出极大的个人牺牲。在周六晨会上，公司领导就本周刚刚从全球搜集的市场信息进行讨论。无论是什么职位或来自哪个部门，这些领导人员听到的都是同样的信息，并且每个人都有机会为公司战略和策略献计献策。如果某个员工伙伴对如何改善顾客服务或企业经营的其他方面没有自己的看法，那么他/她就明显脱离了整个团队，这清楚表明了他/她没有尽心尽力为沃尔玛工作。

萨姆·沃尔顿信奉凡事要以身作则，我现在仍记得在他去世前的几个月里我所看到的：每当我路过萨姆先生的办公室时，总能看见他平躺在病床式的床上在继续工作。他在那里接受化学治疗,手里握着钢笔,纸簿上记着潦草的笔记,直到生命的最后一刻还在试图寻找更好的做事方法。萨姆先生在如此虚弱的情况下还在继续工作,看到这一幕使我很震惊,在现实生活中,他的公司、工作以及员工伙伴对于他来说是非常重要的,我对这一点感到很欣慰。萨姆先生躺在办公室的病床上,并且在生命的最后一刻仍在坚持工作,这一幕情景深深印在了我的脑海里,这对于有些人来说可能会很极端,但萨姆·沃尔顿正是以这种勤奋和执著在追求自己的梦想。

如果你想充分发挥自己的潜力,那么就满怀热情和目标地度过每一天吧,在你的事业和生活中都设立一些目标。给你的好消息就是,你在知识、技能和能力上的不足可以通过对成功的十足决心来克服,要相信自己以及自己的梦想。当你为个人成功而不懈奋斗的时候,想一想萨姆先生那些激励人心的话:"想要努力做到最好并不容易,但是从最终结果来看,你的努力是值得的。"

第二课

和帮助过你的人一起分享成功

员工伙伴利润共享是萨姆·沃尔顿推进沃尔玛迈向成功的动力！

沃尔玛总公司的一些同事是我认识的人中最富有的，这里所指的不是管理人员或高层经理，而是那些把整个事业生涯都奉献给沃尔玛的计时工资员工伙伴以及第一线的监督人员。这里所指的不仅是总公司的员工伙伴，我在商店和配送中心偶然遇到的员工伙伴以至卡车司机都惊人地富有，这是他们做梦都想不到的，他们都是工薪阶层人士，只是非常明智地通过削减工资来购买沃尔玛股票，并且在过去多年里都持有那些股票。通过把利润共享和员工伙伴股票购买计划相结合，沃尔玛员工伙伴成为了自己公司的股东。公司在过去多年里不断发展并表现优异，这导致了 11 次十送十的股票分割，那些把整个事业生涯都贡献给公司的员工伙伴获得了惊人的回报，由于继续在计时工资岗位上工作，他们因为这些股票分割变得非常富有。许多参加利润共享和员工伙伴股票购买计划的卡车司机以及商店和配送中心的员工伙伴成为了百万富翁，其中一些人的资产已经超过了数百万，美国梦想正是这样成为现实的！

萨姆·沃尔顿取得巨大成就的第二个成功秘诀是"和帮助过你的人一起**分享成功**"，这是在沃尔玛首次成为上市公司时他所实施的最重要的战略。由于萨姆·沃尔顿相信"获取成功需要的是团队而不是个人"，于是在这个信念基础上提出了利润共享理论，同时他也认为沃尔玛的成功需要所有员工伙伴的共同努力。

单单是利润共享这个创新就使萨姆先生把员工伙伴变成了忠实和动力十足的高效能商业伙伴团队，这种忠实使沃尔玛名列《财富500强》名单的榜首，同时也给沃尔玛员工伙伴创造了超出他们所有人想象的财富。

艾森豪威尔总统曾经说过："劝说是让他人做你希望他们做的事，并让他们感到非常乐意的一种艺术。"他给出的建议就是，在试图说服他人做你希望他们做的事之前，先问一些问题来了解他们想要的是什么，然后说明如何才能得到这些想要的东西，以及你会在他们实现目标的过程中给予帮助，并且公司反过来也可以实现它的目标，从而激励他们采取行动。萨姆·沃尔顿实施利润共享计划时就是信奉这一原则，由于员工伙伴都能从这一行动中分得一杯羹，他们会尽一切努力来帮助沃尔玛实现目标。萨姆先生是一个非常聪明的人，因为他意识到了员工伙伴才是沃尔玛最重要的财富，他把员工伙伴当作合作伙伴看待并授予他们为顾客服务的权力，他知道这样做是在释放一种叫做所有权的强有效的商业催化剂。萨姆·沃尔顿领先于他的时代，因为他很早就认为公司内部的顾客服务、授权以及所有权是大有益处的，这些概念在若干年后才成为世界各地的商业顾问所吹捧的每日计划。

萨姆·沃尔顿认为，与所有员工伙伴共享利润是以合作伙伴的方式在对待他们，公司和经理通过这种方式改变了与员工伙伴之间那种特定的正常关系，这些员工伙伴在与顾客、供应商和经理的互动关系中开始表现得像合作伙伴。合作伙伴是被赋予权力的一类人，因此员工伙伴觉得自己也被赋予了权力，从而以更加认真和积极的态度来看待自己肩上的责任。以沃尔玛为例，这样做的结果就是销售、服务和费用控制全都超出了公司管理人员的期望。萨姆先生让员工伙伴完全参与到公司中来，从而成功地给他们灌输了一种自豪感，使他们积极参加到目标确立和实现并最终赢得零售胜利的过程中来。通过与所有员工伙伴共享利润以及赋予他们在工作岗位上的权力，萨姆先生赢得了员工伙伴极大的忠诚。

别忘了利润共享在 1970 年还不是非常普遍，把丰厚的利润给予员工伙伴表明萨姆先生非常了解人的心理，他知道持有公司股票的员工伙伴在公司的成功中下了赌注，也明白激励员工伙伴与提高生产力之间存在强大的因果联系。装满商品的货柜、积极的顾客服务、监视入店行窃、工作安全以及提高顾客的结账速度，这些都意味着把大量的资金下了最后的赌注。利润共享是萨姆先生乐于创新的又一个事例，这促使其他公司也纷纷效仿，在萨姆先生看来，在沃尔玛创立利润共享计划是公司有史以来所做的最好的事情。

我曾请教过一位沃尔玛商店经理，询问公司是如何实际实践利润共享计划从而让员工伙伴以合作伙伴的姿态在工作，他是这样回答我的：

如果员工伙伴知道了公司进度，并且你能把公司情况和所需诚实地告诉他们，那么他们就会根据实际需要采取行动，我曾经一再的看到过这种情况，无论什么问题都可以告诉你的员工伙伴。而现在很多公司领导都不愿意把这些保密细节告诉员工伙伴，就我所知，沃尔玛是真正使用盈亏报告书并将其与出纳员和手推车工人分享的为数不多的公司之一。如果员工伙伴知道公司进度以及损耗和偷窃问题的所在，他们就会和你一起肩负所有权的责任并帮助你纠正问题，你成功时必须和他们分享成功，这就是沃尔玛的股东利润计划，同时也是利润共享401K计划的所有内容。员工伙伴知道自己是沃尔玛真正的合作伙伴，而这极大的培养了他们的主人翁意识。

海伦·沃尔顿很大程度上使萨姆先生确信了与所有员工伙伴共享利润是个好想法，起初萨姆先生只是把利润共享限定在公司经理的层面，但是海伦最终改变了他的思维方式，他开始把利润共享计划面向所有员工伙伴实施。萨姆·沃尔顿领会到，通过给每个员工伙伴分一杯羹以及共享利润，自己可以同时给他们设立高标准、保持更高昂的士气以及控制营业额。

萨姆·沃尔顿早在1970年就开始与公司所有经理共享利润了，受到海伦的影响之后，他在第二年便实施了面向所有计时工

资工人的利润共享计划，他的利润共享计划是这样的：拿出 1%
的沃尔玛利润设立一个基金，然后在公司财年结束之后的一段时
间里把该资金分配给员工伙伴。沃尔玛利润共享计划使所有员工
伙伴都参与到公司运作中，同时对他们进行在职培训来增加公司
胜利的砝码以便使公司不断增值。公司管理人员使员工伙伴对自
己的工作有了根本了解，并且对所在商店或机构的运作有了全面
了解，这些知识使各个层面的员工伙伴都能对公司产生影响，从
而增加了他们共享公司利润的机会。赢利的公司运作增加了工作
的安全性，利润共享使每个参与其中的员工伙伴都能改善自己的
生活水平，这是一个双赢的局面！

员工伙伴按照以下方式参与公司的利润共享计划：在公司工
作满至少一年以及一年工作至少 1000 个小时的员工伙伴都有资
格把 6% 的工资投入到个人利润共享计划账户，他们离开公司时
可以拿走该账户的现金或沃尔玛股票。员工伙伴原本以为自己在
为沃尔玛工作，但是这个想法从那一刻开始改变了，一个商店经
理给我讲述了以下这个成功故事，从而证明了利润共享的巨大
力量：

关于沃尔玛卡车司机的致富故事有很多，他们在公
司创建初期购买了沃尔玛股票并参与了利润共享，因此
退休时的个人资产已经超过了数百万。他们拥有沃尔玛
最初发行的一些股票，这些股票的兑换性能和现在发行

的股票不同，但公司给员工伙伴提供的机会的确是一样的，只是现在执行的是不同的计划。现在作为一名沃尔玛商店的经理，你有额外津贴计划以及潜力巨大的股票购买计划，同时还有一个与之相匹敌的401K计划。我认为从福利的角度来看，沃尔玛仍然和以前一样对于员工伙伴来说是一个良机。

　　萨姆·沃尔顿一直认为员工伙伴是公司发展的关键，以及员工伙伴和公司之间应该是合作伙伴的关系。创建这种合作关系需要通畅和不断的交流以及意见的实时交换，同时也要求每个人都能对公司经营的各方面甚至是经理和员工伙伴的行事方式提出建设性的批评意见。这种合作关系和对待顾客的正确方式相结合经实践证明是非常有效的，这正是萨姆先生用来发展公司的催化剂，因为他明白正是与顾客天天接触的员工伙伴最终决定了他对公司期望的成败。共享利润使员工伙伴感觉非常幸福，而幸福的员工伙伴可以为顾客创造积极的购物体验，这意味着登记簿上会有更多的销售业绩。实施利润共享计划使员工伙伴在公司中下了自己的赌注，萨姆先生领会到销售、顾客服务和花费控制方面的激励措施也可以使他们拥有主人翁意识。在公司发展初期，利润共享使所有员工伙伴对萨姆·沃尔顿以及公司极为忠诚，多年的事实也证明了这种忠诚是沃尔玛在国内外获得前所未有发展的巨大促进因素之一，正是这种忠诚使沃尔玛从未建立过工会，并推动公司的年销售额达到了几乎 3000 亿美元。

回到沃尔玛进行短期证券交易的 20 世纪七八十年代，当时发生了九次股票分割，萨姆先生认为正是利润共享计划推动了公司的成功，他在自传中说："极有可能是利润共享提供的优厚报酬推动了沃尔玛一直不断前进。"毫无疑问，沃尔玛的乡村零售理念是在正确时间里的正确想法。萨姆·沃尔顿的资金注入使公司 1970 年上市时得到充足发展，而员工伙伴的添砖加瓦使公司更加蓬勃。一些人可能会争辩说，激励富人工作比激励计时工资工人工作要难得多，但是在沃尔玛却不是这样。随着利润共享计划的全面实施，萨姆先生发现了员工伙伴队伍中所隐藏的潜力，他们成了自己真正的商业伙伴，而且他们在如何使公司成功方面拥有和自己一样浓厚的兴趣。利润共享计划的实施就像把汽油浇在燃烧的灰烬上，公司获得了爆炸式的发展，而这种发展至今仍在继续。

我亲身体验过利润共享的巨大力量，沃尔玛总公司的一些同事也经历过多次股票分割，似乎每个人都通过削减薪水在《员工伙伴股票购买计划》中购买了沃尔玛股票。就那些在沃尔玛和萨姆俱乐部长期工作的员工伙伴（包括管理人员和计时工资工人）而言，他们拥有的股票价值都在六位数靠上，有的甚至达到了七位数。世界上被称为"宠坏的孩子"的速成百万富翁都来自近年的公司股票上市，你在其中会发现很有趣的一点，那就是沃尔玛和萨姆俱乐部的富人比其他上市公司的富人都更友好、谦虚和勤奋。

　　沃尔玛利润共享计划的主要秘诀在于给员工伙伴提供了物质激励，这促使他们实现萨姆先生的崇高目标。在题为《萨姆的梦想》一文中，华盛顿邮报的记者韦尔斯·塔尔谈到了那些独特的沃尔玛员工伙伴：

　　　　沃尔玛"员工伙伴"大体上指那些没有很多就业机会的人们：因生育而长期拮据又回到就业队伍的妇女、第一次经历有偿劳动的青少年、处于福利救济过渡期的人们以及单靠社会保障无法过活的老年人。他们很多人都曾经有过其他低收入的工作，而来到沃尔玛的原因就是听说这是一家不同的公司，除了收银机收费的喧杂声之外，该公司会像关心盈亏结算线一样关心员工伙伴。员工伙伴非常热情地谈论萨姆·沃尔顿与自己之间的合作关系以及沃尔玛无限美好的未来，（"你在这里可以创造自己的未来，"一个员工伙伴说道，"抬头望着天空，朝着比云更远的方向望去。让你自己的光发亮，让其他人都看得到！"）他们非常认真地谈论起了出纳员，这些出纳员购买的股票会使他们在退休时拥有几百万的银行账户资金；他们也很认真地谈到高中毕业证在这里已经足够了，这张文凭足以让你晋升到上层管理职位，并且还能拿到在其他公司只付给有背景的工商管理硕士的薪水。[1]

我们知道沃尔玛的利润共享使很多员工伙伴在经济上无忧无虑，那公司又从员工伙伴那里得到了什么？首先，公司吸引并聘用了当地市场上最优秀的员工伙伴，他们大部分在进入公司之后都想留下来，其中巨大的激励因素就是利润共享以及合作伙伴的待遇。其次，员工伙伴由于经济上的优越而非常兴奋，从而对每天的工作都充满乐趣，他们的快乐就意味着顾客的快乐。萨姆先生意识到，员工伙伴在拿到首份利润共享报告书时亲身感受了主人翁的心情，并明白了作为真正商业伙伴的重要性，而这使他们后来在商店、配送中心、卡车队、特殊机构以及总公司里尽自己所能来发挥积极作用。

经理教导积极的员工伙伴如何尽可能改善货柜的再存储、提高服务质量以及减少花费，这些能对年终的利润共享产生直接作用；员工伙伴积极参与公司的目标设立过程，因而都明白把精力集中在改善公司利润方面所具有的重要性；公司经理把机密的财务信息告诉了员工伙伴，这样他们就能确切地知道公司每月的经营状况，所有这些措施最终使员工伙伴产生了"雇主"的心态，这使他们为改善公司各方面的经营付出了非同寻常的努力。萨姆先生知道，通过设立清晰的目标、提供频繁的反馈、创造以团队

---

[1] 来自于网站 washingtonpost.com 上的文章，题目为《萨姆的梦想》，作者是韦尔斯·塔尔，文章发表日期为 2002 年 10 月 6 日星期天。

合作为基础的物质激励以及设立要求所有人都付出额外努力的目标，公司会实现利润目标并得以蓬勃发展。

所有员工伙伴在沃尔玛工作满一年或服务期满 1000 个小时之后都有资格共享公司利润，利润共享由沃尔玛 100% 资助，而这些资金主要都用来投资沃尔玛股票，全职和兼职的员工伙伴都有资格共享这些利润。根据公司的经营业绩，沃尔玛还为计时工资工人和管理层员工伙伴提供了物质激励/额外津贴计划，他们可以根据公司的经营业绩拿到工资的 1% 作为额外收入，这就是额外津贴的数额。计时工资和全职员工伙伴基于工龄的长短还可以获得假日津贴，公司还依据不同的个人情况设立其他的物质激励。

在萨姆先生看来，利润共享的完美之处就在于它不存在任何不利方面。报酬直接和公司的经营业绩相挂钩，如果公司实现了目标，员工伙伴们就会获利；如果公司不能实现目标，员工伙伴们则享受不到利润共享的益处。萨姆·沃尔顿和沃尔玛的所有潜能都是积极向上的，当第一份利润共享报告书发放到员工伙伴手中时，每个人都明白"我能从中拿到多少报酬"！这些具有企业家意识的员工伙伴此后都非常乐于尽全力使公司成功，一位沃尔玛商店经理曾经告诉我："萨姆先生不是那种轻易给别人东西的人——你必须通过自己的努力去赢得这些东西。他认为每个人都应该为公司的成功经营出一份力并以此改变自己的未来。利润共享也是使员工伙伴继续留在公司的方法之一，因为其他公司都没有给员工伙伴提供这些东西，这种感觉就像是你拥有公司的一部分。"

如果你仔细想一下就会发现，没有任何人比小企业主更看中所有权，这种小企业主是独立经营的企业家或唯一所有人。处在商界中的人是真正动机最强和最专注的一类人，他们会尽一切努力使企业获得成功，而长时间连续工作只是他们热爱工作的一个方面，一周七天、每天工作 12 到 14 个小时对于他们来说很正常，完成大量的任务就是他们的生活方式。企业主都是解决问题的机器，他们不会去偷窃和浪费公司资源，也不会因为长时间连续工作而抱怨。工作和生活之间的平衡是跟企业主无关的一个概念，他们为了获得成功甘愿做任何牺牲，如果需要把陪家人的时间花在工作上，他们会这样做的。就萨姆·沃尔顿而言，这些企业家具有的特质在他身上得到了充分的体现，他们都有创新精神并善于解决问题，而且都乐于自始至终坚持下来。萨姆先生喜欢在自己的商店中雇用这些有企业家头脑的人，他们的加入使沃尔玛更有自信成为真正的竞争者，而这些员工伙伴就是它完美的合作伙伴！

萨姆先生喜欢那种拥有企业家式恒心、精神和热情的人，以下的这段引文来自一名"企业家"，他讲述了自己如何经营生活和事业，而他强大的洞察力能使我们对商业领导人萨姆·沃尔顿有更深的了解：

我并没有选择做一个普通人，我有权力使自己不同于常人，我寻求的是机遇而不是安全感。我不想成为一个由国家照料并身份卑微的麻木公民，我想实施一些预计内的冒险，去梦想、去创造、去成功或失败。我不想以自己的动机去换取施舍，和那些有保障的生活相比，我更喜欢有挑战的生活；和乌托邦式令人厌倦的平静生活相比，我更喜欢在实践中获得激动与兴奋。我永远都不会用自由来换取救济或用尊严来换取施舍，我永远都不会在任何雇主面前退缩，也不会向任何威胁卑躬。我一贯的传统就是笔直、自豪并毫不畏惧地站着，由自己来主导自己的思想和行动，享受自我创造带来的好处，并且勇敢地对世人说，我在上帝的帮助下终于完成了目标，这就是一名企业家的意义所在。

——匿名作者

萨姆·沃尔顿具有的个人特质正是成功企业家或在任何行业获取成功所需要的特质，以下描述了萨姆·沃尔顿独有的领导风格：精力充沛、决心、坚定、热情、献身精神、自信、目的性、行动性、充满干劲的态度、解决问题、创新、不倦的求知、竞争精神及对成功的渴求、善于倾听、激励他人、以人为本、庆祝成功、白手起家、自力更生、冒险、为他人服务、团队性、勇于发现事实而非错误。萨姆先生似乎希望周围的人也能拥有这些领导者的品质。

萨姆先生喜欢企业家的另一个原因就是他们拥有创业精神、动力和经营企业的成功记录。当萨姆先生第一次遇见他们时，其中一些人就在奋斗和拼搏或已经在成功经营企业了。设想一下这样一幅画面：萨姆先生走到你公司的大门前，然后观察公司经营是否良好，而事实上他的确会这么做。他早期的一些经理之前都拥有自己的公司，他们已经具备了企业家的头脑，因此在沃尔玛的过渡会更容易。当这些前任企业主或企业家来到沃尔玛之后，萨姆先生把他们称为"内部企业家"。

灌输这种企业家式的主人翁精神对于萨姆先生来说至关重要，这样他就能和这些早期的经理和员工伙伴创建真正的商业合作伙伴关系。"内部企业家"被定义为在公司内部工作的企业家，他的所有权是沃尔玛后来实施利润共享计划的基石。萨姆先生意识到，真正的公司所有人会动力十足并尽心尽力地参与各方面经营，原因就在于他们在公司的经营状况中下了自己的赌注。这些所有人是公司的所有者，如果公司挣钱，他们就可以收获自己劳动的果实；而如果公司赔钱，他们就必须忍受痛苦。

在沃尔玛，"内部企业家"的领导权不仅局限在经理层面，公司鼓励所有员工伙伴都像企业主一样行事。萨姆先生期望领导人员都能达到高标准并总是说："高期望值是做一切事情的关键。"因此，如果要成为真正的内部企业领导人，你就必须心甘情愿做一切必需的工作而不考虑这是否是自己的职责。真正的内部企业领导人会和每个团队成员分享成功的荣誉，萨姆先生过去常常说："如果一个团队中没有人为荣誉的归属问题而担忧，那么这个团队将会取得惊人的成绩。"萨姆先生认为每个人都应该尝试用新方法办事和冒险，他还很注重节俭，认为高效的公司领导人应该只利用现有资源而不需花费公司资金就能把事情办好，并且还认为这种创造性的方法是很重要的。萨姆先生是这样看待"内部企业家"的：一个"内部企业家"总是把注意力集中在公司目标上，他把公司看成是自己的，然后会尽自己的一切努力来实现这些目标。

在雇用计时工资员工伙伴的问题上，萨姆先生认为人们通常对被赋予职责很感兴趣，也非常喜欢能够切实地肩负起责任，因为这使他们感觉自己是非常重要的。他在雇用管理人员时也使用同样的方法，总是寻求那些乐于为顾客不遗余力的员工伙伴。萨姆先生拥有在短时间内判断他人的独特能力，我认为这源于他主动倾听的技巧和观察能力，他从不用花费很长时间就能弄明白一个人的行事动机。而萨姆先生一旦发现了那些乐于肩负责任的员工伙伴之后，就会把他们推荐给也拥有同样价值标准的朋友或亲戚。

员工伙伴培训在过去和现在始终都是沃尔玛领导人员面临的一个最大挑战，萨姆先生明白必须找到一些能胜任各个工作岗位、富有创新和创造精神、乐观并积极向上、既是通才又是专才、工作既勤奋又会娱乐消遣的员工伙伴。当公司雇用员工伙伴时，萨姆先生其实是在雇用有某种态度的员工伙伴，而不会过多关注他们是否有相关的经验，正是这个想法为那些在沃尔玛工作的普通人创造了不可思议的机会。萨姆先生创造了一种很有代表性的关系，员工伙伴在这一关系中可以实现自己的个人目标，而他们的勤奋同时也可以帮助萨姆先生实现沃尔玛的公司目标，他总是用这一理论来鼓舞沃尔玛的每个人：在沃尔玛，如果你们拥有企业家的头脑并乐于为了整个团队而协同合作，那么你们想要多成功就会有多成功。

除非一个员工伙伴真的不在乎（这是一次失败的雇用），否则企业赋予的所有权会立即让他/她有一种归属感，并切身感受到自己在沃尔玛的重要性。每个人都想成为一个大人物，而沃尔玛就给予了每个员工伙伴实现自己目标的机会。沃尔玛的计时工资员工伙伴会学到一些最基本的技巧，这对于公司的成功非常重要，因此从他们中间提拔管理人员成为了惯例。如果想了解沃尔玛获得成功的关键所在，你只需看一看它的员工伙伴就可以了，他们被赋予了所有权并以极其认真的态度来看待自己的责任。萨姆先生会告诉你，沃尔玛非凡成功背后的推动力是员工伙伴利润共享，这就是推动沃尔玛获取成功的主要驱动力。

那么沃尔玛如何从商店 100 多万名员工伙伴中汲取澎湃热情并引导该能量来实现公司目标呢？方法就是在每个商店中实行与具体和可测量的标准相挂钩的"赌金保管者津贴"，商店所有员工伙伴都有资格加入该津贴计划，这是全美国的沃尔玛店一直没有设立工会的原因之一。一位沃尔玛前任经理讲述了自己对这个计划的深刻理解：

这个计划叫做"赌金保管者津贴"而非股东津贴！
（沃尔玛商店级别的利润共享计划被称为"赌金保管者
津贴"。）商店每周都对"赌金保管者津贴"进行监控，
我们可以从中获得不菲的利润。在走廊里员工伙伴打卡
的地方挂了一张大的图表，以便每个人都能清晰地看
到，我们每周拿到盈亏报告书时就更新上面的数字，因
此员工伙伴基本上都能对这些数字进行监控。该图表详
细记录了你的销售额、数量差额、利润额、扣除金额，
图表的最底部是现金数字，那是迄今为止的当年赢利，
其中的1%将会成为你所在商店中赌金保管者计划的资
金。无论赌金保管者计划在年终有多少资金，都要在该
商店的计时工资员工伙伴和经理助理之间进行分配。全
职员工伙伴拿到的是足份，而兼职员工伙伴只能拿到半
份，参与分配的条件是必须在一财年中在商店工作满6
个月零一天。在情况好的年份里，全职员工伙伴每人可
以拿到1000美元的"赌金保管者津贴"支票，而兼职
员工伙伴可以拿到500美元。实施"赌金保管者津贴"
计划是为了鼓励员工伙伴在自己的商店里肩负起主人翁
的责任，原因在于沃尔玛在阿肯色州本顿威尔之外的公
司并不像大家想象的那么庞大，公司总共有6700家分

店，我们都真正地把每家商店当成自己的，员工伙伴在
自己所处的商店中有既得利益，因此他们会尽力让商店
赢利、友好对待顾客并保持环境清洁，原因就在于我们
所有人都想从中获利。

当沃尔玛的目标得以艰难实现时，好的方面是员工伙伴可以
共享收益，不好的方面就是并非每个团队成员都有令人满意的表
现，那些逃避工作或责任的员工伙伴不会被宽容。事实上，沃尔
玛领导人员从不畏惧和那些没有完成工作份额的员工伙伴进行正
面对质；除此之外，其他员工伙伴感到自己的津贴受到了威胁，
这些人的压力足以使不合格的员工伙伴重新发挥令人满意的表现
或将其赶出公司。公司对合格的表现进行奖励并对不合格的表现
进行处理，这推动了沃尔玛的业绩不断前进，这是萨姆·沃尔顿
实施"胡萝卜加大棒"政策的另一个版本，公司领导把利润共享
变成了竞争优势，想象一下这样一幅画面：所有员工伙伴都从一
点一滴做起，努力改善顾客服务和减少花费，从而对自己的利润
共享发挥积极的作用。在沃尔玛利润共享公式中，一部分是设立
目标，一部分是向员工伙伴个人授予权力，一部分是团队配合，
一部分是管理人员就关键度量单位问题进行不断的交流，所有这
些促使了目标的实现、员工伙伴的利润共享以及他们对沃尔玛的
不朽忠诚。这实际上是一个非常简单的双赢过程，萨姆·沃尔顿
通过使用合作伙伴关系理论赢得了沃尔玛员工伙伴的心。

　　然而利润共享并不是主张"不劳而获"，我在沃尔玛学会了如何与没有完成工作量的员工伙伴进行对质，并且会对不合格的工作表现提出质疑，我之所以这样做有一个非常有趣的原因，那就是经理需要给工作优秀的员工伙伴一个继续优秀表现的理由。在知道某个员工伙伴没有完成工作或没有尽到责任的情况下，如果经理还让他继续在岗位上以不合格表现示人的话，人们便立即会对该经理自身的工作表现产生质疑，因此公司经理在处理员工伙伴表现问题时从来都是无所畏惧的，这也正是大家所期望的。通过一个四步骤的指导和建议过程，经理给没有完成任务或没有尽到责任的员工伙伴一个改善的机会，处理工作表现问题的目标是纠正问题而不是解雇员工伙伴，因此90%存在表现问题的员工伙伴在接受了指导之后都能进行积极转变并且留在了公司。

　　你自己公司的雇员和沃尔玛的员工伙伴都不笨，当其中有人没有完成规定的工作量时他们都很清楚，当经理或上级处理没有完成任务或没有尽到责任的员工伙伴时，在管理人员没有透露任何信息的情况下这个消息就会传开。每个人都会发现事实，而最常见的情况就是，这个不合格的员工伙伴会对周围的人说他们都是遵守纪律的，这对于公司而言确实是件好事，因为表现优秀的员工伙伴希望你处理那些人。在工作表现指导事件发生之后，最常见的情况就是士气和工作团队的表现会在现实生活中有所改善。员工伙伴期望主管人员肩负起工作表现问题的责任，如果该主管人员真的能够这么做的话，他会受到员工伙伴的尊敬。从另一方面讲，如果该主管人员不追究这些人的责任，那么就会降低他所在团队的士气和工作表现，换句话说，这个主管人员成为了问题的一部分。沃尔玛团队之间的联系有多么牢固也就有多么脆弱，实现利润共享是一个全胜或全输的命题，不牢固的联系可能导致商店的利润共享目标不能被实现，由于一些害群之马而未能实现利润共享会对整体士气产生毁灭性的影响。

为了使利润共享计划能够成功，沃尔玛经理都不得不向员工伙伴清晰地解释公司对他们的期望，一旦他们知道了自己的角色和公司目标，就轮到经理提供有关公司经营业绩的反馈信息了。如果不能经常向员工伙伴更新这些数字，那么这个利润共享计划就失去了意义。沃尔玛的计划要获得成功就必须依靠团队中所有人的支持，如果公司领导和经理不能经常付出努力，那么任何利润共享计划都不会奏效，这对于新员工伙伴来说尤其重要，因为这有助于他们了解自己在实现了公司目标后会有什么收益。那么沃尔玛如何让利润共享的概念始终存留在员工伙伴心中呢？沃尔玛领导人员在一整年中谈论的都是这个话题。

在每天举行的"站立"式会议中，公司经理会对最近的销售额、薪水总额预算以及商品损耗（被盗数额）进行回顾。你可能认为每天都举行会议没有必要，事实上，我从未听说过哪家公司因为给员工伙伴提供了过多的信息而受到指责，相反的是，很多公司由于未能提供足够的信息而受到了批评，而有些公司或许还被批评为没有提供任何信息。在沃尔玛，信息就是力量。在萨姆·沃尔顿看来，要使利润共享奏效就必须不断跟员工伙伴交流并使它时刻都摆在他们的面前。如果管理人员期望员工伙伴做些必要调整来改善今天的经营业绩，那么他们就必须了解自己所在的商店或配送中心相对于计划的经营表现。通过公开或潜意识的交流有关利润共享的信息，员工伙伴每天都会把注意力集中在实现公司目标上，因为他们意识到这些目标实现之后，收益就会紧跟着来了。

如果萨姆先生就利润共享问题只想说一点的话，这一点就蕴涵在他的信念中——如果你关心员工伙伴，员工伙伴就会关心顾客，而你的企业就会关心它自己。萨姆·沃尔顿领会到，真正驱使员工伙伴前进的动力是和他们自身相关的，而和其他人则没有任何关系，这一概念被称为"我能从中获得什么!"萨姆先生与员工伙伴共享利润的想法明显领先于他那个时代，这再一次证明了他强大的预见力，员工伙伴的忠诚和主人翁责任也很大程度上促进了公司的成功。别忘了萨姆·沃尔顿过去常常对员工伙伴所说的话："如果有人问你'谁是沃尔玛的主人'，你可以对视着他，然后说**我**就是!"

第三课

激励自己和他人实现梦想

萨姆先生雇用本顿威尔附近农场的普通人，从而提供了令他们许多人做梦都难以想象的机会。

萨姆·沃尔顿身上有很多激励人心的故事，我在著名的沃尔玛股东会议上就亲身感受了其中一个程度最深的。和世界上其他公司的会议不同，萨姆先生举行会议是为了庆祝公司和员工伙伴的成功，并感谢那些由于充分信任自己而在沃尔玛投资的人。在沃尔玛创业初期，来阿肯色州西北部参加本顿镇游乐场年度盛事的有数千人，而这一人数在后期则增加到14,000人，地点也改在了阿肯色大学的篮球场。每隔一届举行的全美国沃尔玛股东会议都只有极少人参加，我能记起的最近几次会议则有不少的出席者，原因就是那些心怀敌意的股东非常希望更换公司的领导层。

在萨姆先生的会议中，部分是商业，部分是激励，还有一部分则是马戏团式的表演！萨姆·沃尔顿的招牌式动作就是站在入口欢迎与会人员并和他们握手，而他的表演则像是主持一个大型热闹的演出，因此他的会议非常有趣、激励人心并且充满了惊奇。他的管理团队通常都要提醒他说些和商业有关的话题，这样才算是满足年度股东会议的法定要求。萨姆先生是我见过的最激励人心的大公司领导，他能够让周围的人对沃尔玛产生和自己一样的兴奋，并认为如果你表现得激情十足的话，你真的就会变得激情十足，而周围的人也会变得活力十足。

"**激励**自己和他人实现梦想"，这是萨姆先生取得卓越成就的第三个成功秘诀，这条法则强调了动力十足的经理和员工伙伴对公司来说是非常重要的。萨姆·沃尔顿意识到，金钱本身或与金钱有关的东西起不到激励他人的作用，能激励员工伙伴的是他们本人，经理可以创造一个有利于员工伙伴茁壮成长的环境，然而真正的动力却源于他们本人。萨姆先生认为应该设立宏伟的目标并让员工伙伴接受这个挑战，那么这个目标就会被实现，而员工伙伴几乎从来都没有让他失望过。

马克·吐温曾经说过："远离那些试图贬低你抱负的人们，小人总是会这么做，但真正伟大的人却让你感觉到你自己也可以变得伟大。"萨姆·沃尔顿正是让身边的人感受到了这一点，他能够发现他人身上取得巨大成就的潜能，然后给予他们发挥自己潜能的机会。萨姆先生恳求自己的管理团队要"信任员工伙伴胜过他们对自己的信任"，因为他知道员工伙伴能完成赋予的一切任务。从员工伙伴自身来讲，他们有时对自己的能力缺乏信心或不相信自己的能力，而萨姆·沃尔顿明白他们只是使用了自己极小部分的潜能，如果肯花时间来培养和训练他们的话，这种潜能就会迸发出来。

尽管员工伙伴先前没有受到相关的培训，但萨姆·沃尔顿还是让他们在不同的职能岗位上轮岗，这样做的目的是为了避免停滞不前，他同时也认为应该创造一个不断变化和不可预测的工作环境，从而打破那种零售店可能常有的单调气氛。萨姆先生永不停息的目标就是在零售店中雇用那些最积极向上并在超越顾客期望方面动力十足的员工伙伴。

我还记得在本顿威尔总公司参加周六晨会的情景，萨姆先生主持会议时总是拿出自己招牌式的幽默和搞笑来娱乐与会人员，并且总是能让他们吃惊，因为他部分的搞笑本领就在于人们根本不知道他下一句会说什么。萨姆先生会在某个周六把猎狗带到公司总部，然后松开锁链让它们在大厅里跑，而另一个周六则会带上一个乡村西部歌手或好莱坞名人参加会议，他/她会向大家推销自己的唱片或新拍的电影，并且由萨姆先生介绍给在座的每一个人。经营全球最大最成功的公司经常会存在压力，而萨姆·沃尔顿通过打破常规和搞笑减轻了这种压力。

萨姆·沃尔顿认为设立目标是促使沃尔玛和萨姆俱乐部成功的重要因素，公司领导人员甚至创造了一个首字母缩略词，它的中译文是"高期望值是做一切事情的关键"，这个想法源于工作表现优秀这个自我实现预言。萨姆俱乐部的领导人员非常重视"高期望值是做一切事情的关键"这个理念，甚至创作了公司颂歌（包含一首主题歌和一支舞蹈）在员工伙伴聚会上尽情表演，这样做的目的主要是为了强化公司的标准和期望。在严格的意义上讲，"高期望值是做一切事情的关键"是公司追求更高层次成就的战斗口号。

沃尔玛获得的成就依赖于员工伙伴，但是别忘了那个首字母缩略词，因为"高期望值是做一切事情的关键"在你的公司也同样适用。如果你是监督员工伙伴的管理人员，有时候就应该真的像萨姆先生那样信任他们，这种信任超过了员工伙伴对自己的信任。萨姆先生信任自己的员工伙伴，他们或许还不知道自己是否有能力在岗位上获得优异表现，但是这种信任给这些普通人灌输了自信，一旦他们领会到了这种信任就连再高的标准也有决心实现。

　　这条经验对您以及贵公司的员工伙伴都适用，如果团队成员知道你对他们充满信心，那么你就可以退下阵来，然后等着看他们把不可能变为可能吧。你很快就会发现自己可以把门槛儿设得比以往想象的还要高，而当员工伙伴证实他们能实现目标时，你又可以一次一次地把标准不断提升，随后你会发现他们远远能胜任这一挑战。曾经的弹性目标在一段时间之后变成了正常的目标，甚至连普通的员工伙伴都能实现，萨姆先生就是这样创造了独特的自我实现预言，从而成为了创造挑战并获得成效的大师，他对员工伙伴的坚定信心和真诚鼓励使他们获得了几乎令人惊异的成绩。

　　为什么萨姆·沃尔顿能让这一切成为现实？我有时认为和员工伙伴内在的动力相比，他们更多的是不想让萨姆先生失望，也就是说是出于对他这个领导人的热爱和尊敬，因为他们知道萨姆先生期望员工伙伴实现目标，而他们并不想让他失望。如果监督人员以真正人性化的方式关心员工伙伴，那么员工伙伴便会关心和担忧公司的所需，这种领导力驱动技能就是建立于这个基础之上的。同样，员工伙伴并不关心该监督人员了解什么，他们想知道的是他在乎他们的程度。而萨姆先生在激励人心方面是位大师，他意识到监督人员的职责就是通过整个团队的努力和成效来实现公司的经营目标，他激励员工伙伴的方式已经深深植根于沃尔玛的文化中并且不断被强化，原因就在于萨姆先生始终认为主管人员、经理和监督人员需要做"公仆式的领导"。

萨姆·沃尔顿的抱负就是把沃尔玛创建成发展迅速并以顾客为主导的公司，还要成为著名的"迅速适应者"，要深刻理解顾客的希望和需求并能快速转变方向来满足这些要求。萨姆先生明白，实现这个抱负需要拥有动力十足并适应沃尔玛方式的员工伙伴，因此他始终认为应该从员工伙伴内部提拔领导，而经理就是身边活生生的例子，他们由于自己的努力赢得了更高职位并被赋予了更多责任。在沃尔玛，机会被掩饰成了工作勤奋，如果你的聪明才智足以发现这一事实的话，你的事业机会将是无穷无尽的。

美国劳工部就工作动机问题做了一项调查，经理和雇员所面临的 23 个选项都一样，有趣的是他们排在前十位的选项中有九个是完全相同的，这些前十位的选项分别是：

管理层薪金人员

有趣的工作

有机会培养专项技能

足够的信息

足够的职权

足够的帮助和设备

友善和乐于助人的同事

有机会看到工作成效

有效的监督

有明确界定的职责

不错的薪水

计时工资工人

不错的薪水

足够的帮助和设备

工作安全感

足够的信息

有趣的工作

友善和乐于助人的同事

有明确界定的职责

有机会看到工作成效

足够的职权

有效的监督

在这两张选项单中，经理和雇员分别单独挑选了一项，其中一项是管理层薪金人员选项单中的"有机会培养专项技能"，另一项是计时工资工人选项单中的"工作安全感",而其余所有选项都是相同的,另外一点不同是这两类人对各个选项的重要性持有不同的意见。萨姆·沃尔顿很早就从自己的亲身经历中明白了这一点,即所有人在工作和生活中都是由一些极为相似的目标和抱负所驱动的,因此他给经理和员工伙伴发出相同的信号来激励整个团队。也就是说,他把所有员工伙伴都当成合作伙伴来对待,认为每个员工伙伴都非常重要并平等对待他们,这些信号在过去多年里被经理和员工伙伴成功接收,因为公司的成功就是最好的说明。

沃尔玛员工伙伴也和萨姆先生一样拥有许多特质,从而把自己和他人区分开来,以下列表是萨姆先生深深植根于沃尔玛文化的动机特点,恰当地体现了沃尔玛经理和员工伙伴的特质以及沃尔玛方式:

- 为盈亏结算线奋斗的热情
- 以顾客为中心
- 更注重成效
- 创新
- 正直/诚实/信任
- 冒险
- 对追求质量的热情
- 员工伙伴至关重要

● 每个人都是领导者

请允许我为您一一回顾这些动机特点：

为盈亏结算线奋斗的热情　沃尔玛经理和员工伙伴通过团结协作来实现公司设立的大胆目标，以商店为基础的物质激励措施正在实施中，由于所有人在公司的利润共享计划中都有既得利益，因此他们都努力为公司盈亏结算线发挥积极影响。公司鼓励员工伙伴成为领导者，并且期望每个人都有获胜的意志以及积极参与竞争。

以顾客为中心　沃尔玛是一个以商品为驱动力的公司，萨姆先生期望每个人都能像商人一样思考。"为顾客减少所有商品的价格、十英尺法则、日落法则、单项商品促销以及内部顾客服务"都是沃尔玛的文化标准，我将在第八课那一章节中逐一详细地为您回顾这些文化标准。萨姆·沃尔顿感谢所有员工伙伴在顾客服务方面的努力，他常常说最近距离接触顾客的员工伙伴是公司最重要的人，如果没有顾客穿梭在收银台，那么大家就都失业了。

更注重成效　沃尔玛一旦设立了目标就会致力于实现这些目标，像它这样的零售商总是倾向于用行动说话，这是众所周知的事情。沃尔玛的普通人团队把所有精力都集中在实现卓越成就上面，公司期望每个人都有强烈的紧迫感并且有决心把事情办完，就趁现在办完!

创新　沃尔玛大多数的好想法都是自下而上来的,而其他许多公司则是自上而下的。商店中最近距离接触顾客的员工伙伴或最近距离接触配送工作的员工伙伴会就公司问题找出最创造性的解决方法,萨姆先生总是持这种观点并把这称之为"草根理论",如果你的询问方法得当,他们提出的想法会比经理的想法好得多也快得多!

正直/诚实/信任　沃尔玛的文化建立在信任的基础之上,因此它与供应商和卖主的关系也建立在信任的基础之上,如果沃尔玛员工伙伴说自己将会干什么事情,那么他们的确会这样做的,萨姆·沃尔顿绝对不能忍受那些不正直的人。事实上,不诚实的供应商或员工伙伴是会被马上开除或失业的,沃尔玛员工伙伴所具有的性格特质就是在诚实和正直这个坚实的基础之上建立的。

冒险　沃尔玛鼓励员工伙伴尝试新方法,这在有时会导致一些不可避免的失败,而公司管理人员对预计内冒险的忍耐限度则很高。一个奏效的想法会在各个连锁店之间进行交流,他们同时会从失败的想法中吸取经验并当心不再犯同样的错误。员工伙伴乐于改变,因此他们非常愿意尝试几乎所有的事情,公司经理也持有相同的观点。在萨姆先生看来,如果不是管理人员和员工伙伴乐于尝试新的和不同的方法并学着忍受偶尔的失败,那么沃尔玛永远都不会像现在这样成功。

对追求质量的热情 　萨姆先生是孜孜不倦的求知者，早在质量权威朱兰、克罗斯比以及戴明等的观念在美国风行之前，他就认为应该进行持续不断的改善，他激发了一种文化，其中的人们也和他一样始终在寻求更好的方法。沃尔玛把工艺流程图表等全面质量管理技术教授给了计时工资员工伙伴，从而在评估复杂工艺时能节约费用并减少完成任务所需的时间。对于向沃尔玛供货并获得美国马尔科姆·波德里奇质量奖的制造公司，萨姆先生在过去多年里一直按照自己的标准检测其产品质量，像通用电器和宝洁这样的公司被他称为"伙伴式卖主"，原因就在于它们曾经帮助沃尔玛获得了从产品配送到存货技术的全面改善，而这些公司反过来也从这个全球最大的零售商那里学到了很多创新想法。

员工伙伴至关重要 　萨姆·沃尔顿总是这样描述自己的员工伙伴，即大多数员工伙伴都是普通人，而每个人又各不相同。当问到沃尔玛如何取得不可思议的成就时，萨姆先生把一切都归结为员工伙伴这个最重要的原因，他认为竞争者通过拜访商店可以照搬产品和销售技术，但是唯一不能复制的是公司文化以及兴趣浓厚、有献身精神并且忠实的员工伙伴。

每个人都是领导者 　沃尔玛鼓励所有员工伙伴成为领导者，领导者在其文化中被界定为以身作则并因实际行动受到尊敬的人，这意味着任何人都有能力成为领导者，而并不仅仅局限于那些拥有管理职位的人。沃尔玛领导者都必须遵守一个简单的原则，即所有精力都集中在把顾客放在首位上，公司通过授权把这一理念变成了现实。萨姆先生认为应该把公司的责任和决策权尽可能地下放，这常常意味着员工伙伴在处理与顾客的关系时可以被授予"现场"决策权，这个简单的理念使员工伙伴队伍中顾客服务方面的领导者和决策者的数量不断增加。

公司经理也要把所有精力集中在服务顾客上，他们拥有一系列具体的核心领导力，萨姆先生在识别这些能力方面提供了有益的帮助，这些能力分别是：交流、发展他人、激励他人、以顾客为焦点的倾听、持续不断的改善、紧迫感、团队发展、组织/策划、不辜负期望/责任心以及解决问题的能力，在介绍第四条法则的那个章节中，我会详细回顾萨姆先生是如何把这些关键领导力传授给他人的。沃尔玛经理的职责就是通过或借助于员工伙伴的努力来实现目标，因此他们需要创造一个使员工伙伴动力十足并且表现优异的工作环境。

萨姆·沃尔顿在沃尔玛的口号就是"雇用最优秀的员工伙伴、提供最好的培训并提供最好的工作场所"，也就是说应该发现并尽可能雇用最优秀的员工伙伴、开发他们的知识和技能并创造一个员工伙伴引以为自豪的工作环境。沃尔玛前任首席运营官唐纳德·萨德奎斯特这样描述公司文化对成功的重要意义："在我看来，沃尔玛的文化使我们与众不同。是的，你当然必须要做正确的决定，必须要有一个好的商业计划，必须要有一个奏效的利润模式，必须要有强大的领导层以及其他的东西，但是使我们与众不同并取得成绩的是我们的价值观，是我们用来经营企业的核心价值标准以及和我们文化相交织并成为其中一部分的价值标准。"

萨姆·沃尔顿创建沃尔玛的价值标准就是对个人的尊重、为顾客提供服务以及追求卓越，以下是公司对这些价值标准的解释：

- 超越顾客的期望
- 各个过程都保证质量
- 专业化和有道德的行为
- 处世要正直和诚实
- 竞争精神、充满干劲的态度以及获胜的意志
- 员工伙伴的成长和发展
- 不断改善生产力
- 孜孜不倦的学习
- 股东的利润要持续增长

沃尔玛的经营方式建立在这些价值标准之上，这些标准从萨姆·沃尔顿40多年前创建公司到现在始终都是正确如一的。公司希望管理人员都能够正直和诚实地待人、有很强的职业道德、为工作充满激情并具有文化敏感性，而他们确实把这些信念转化

成了自己的实际行动。公司也很关注领导人员在以下方面的人际技能，如良好的沟通、发展他人、以顾客为中心、很强的倾听技能以及激励他人的能力，以下这些问题有助于你理解沃尔玛的文化期望并帮助检测你的个人动力：

- 你有充满干劲的态度吗？
- 你有强大并主动的倾听技巧吗？
- 你善于处理冲突吗？
- 你在冒险和犯错误时轻松吗？
- 如果他人冒险和犯错误，你会觉得轻松吗？
- 你在对待公司问题方面是积极应对还是先发制人？
- 你能够组建一个团队吗？
- 你能和各类型的同事愉快共事吗？你具有文化敏感性吗？
- 你喜欢参与团队合作吗？
- 你愿意把成就归于团队而压制对自己个人的赞赏吗？
- 你对压力的忍耐度高吗？
- 你的动力是否来自对结果的追求？你做事时以寻求解决方法为导向吗？
- 你有很强的职业道德吗？
- 你是否对现在做的事情充满热情？
- 你是创造性的思考者吗？
- 你喜欢与他人合作并培养他人吗？

- 你是优秀的沟通者吗？
- 你有很强烈的成功愿望吗？

　　如果对这些问题的回答都是"是"的话，那么你就具备了在沃尔玛或其他任何行业成功的条件。

　　当你拥有如此庞大的公司时，员工伙伴的动力强弱可以成为优势也可以成为劣势，而这个动力问题在沃尔玛却是一个竞争优势，因为公司领导都相信员工伙伴是公司成功的关键，这是一种内在的驱动力量，把创造了自我实现预言的沃尔玛文化不断发扬光大，这也激励着那个普通人的团队去相信自己、超越自身的期望以及实现最高层次的成就。沃尔玛文化和动力十足的员工伙伴使沃尔玛在商界具备了竞争优势。

　　充满动力的员工伙伴有良好的自我感觉，并且会对自己所做的事情充满情趣，因此能更好地将自身的积极性感染他人。提供优质的顾客服务要求员工伙伴个人有很强的动力，依据马斯洛的需求等级模型，提供积极的顾客服务是自我实现的行为。为了达到自我实现的高度，员工伙伴甚至开始考虑主动出击服务，而他们必须首先满足自己的需求，一旦个人的情感需求被满足之后，他们就开始为如何满足他人的情感需求而担忧了。我一直认为萨姆先生攻读的是人类学专业并且还具备一点行为心理学的知识，因为他明白什么会使员工伙伴失去动力，更重要的是他明白什么会使他们真正充满动力。态度端正并动力十足的员工伙伴可以带动周围其他的员工伙伴或顾客，使他们也拥有端正的态度或充满动力，不幸的是态度不端正或缺乏动力也会对他人产生类似影响。概括而言，积极的员工伙伴提供了优质的顾客服务就相当于公司赢利。

一位沃尔玛前任商店经理和我分享了他在萨姆·沃尔顿对待员工伙伴方面的见解：

> 萨姆先生取得的很多成就都来源于他对待周围人的方式，并且他可以使在商店遇到的每个员工伙伴都感到他既是老板也是朋友，萨姆先生不仅仅只是说说而已，而是为员工伙伴办了很多实事儿，并试图使一切变得更好。事实上，我认为在20世纪80年代末90年代初萨姆先生还在美国中部的小镇上时，那时的工作的确就是把一切变得更好。那时的福利很有分量，你有一份稳定的工作，知道沃尔玛会一直在那里经营下去，并且知道你在为一个欣赏自己的人工作。

萨姆·沃尔顿意识到，积极的激励技巧可以对个人和整个团队的表现造成巨大影响，他把公司的雇员称作"伙伴"以表达对他们的尊重，因为他认为他们在服务顾客和把沃尔玛（此时处于行业领先地位）的费用结构保持在最低水平发挥着重要作用。真正的商业伙伴拥有公司的所有权，把员工伙伴当作合作伙伴对待的结果就是他们在库存商品、提供优质服务以及控制花费方面肩负起了所有权的责任，萨姆·沃尔顿以下的一番话充分表达了他的想法和信念：

　　大多数经理都是通过敬畏和胁迫来领导他人，因为他们认为作风强硬才算是领导者，这在本质上是错误的，好的领导者会把人性的因素加之到公司的各方面。如果你通过使他人敬畏来管理别人，那么员工伙伴在你身边时会非常紧张，时间久了他们即便有问题也不会来找你，这样就会使问题恶化。员工伙伴不敢创新或表达新想法，他们不愿意冒险的原因是有可能遭到你的谴责，这时员工伙伴和公司都会遭受不幸。在沃尔玛，我们必须用真正的尊敬和礼貌来对待员工伙伴，要和他们建立深厚的感情，要帮助他们成长并让其自由发展，而且还要表现出你是真正的关心他们。你还必须成为一个沟通大师，与员工伙伴就公司的各方面进行交流，并且不能把他们排除在公司的发展之外。如果你想让他们知道自己非常重视他们对公司的贡献，最好的办法就是把这一点表现出来并且亲口一一告诉他们。你要不断了解自己的员工伙伴，他们的家庭、问题、希望以及抱负，把他们当作不同的个体进行感激和表扬，而不是当作笼统的员工伙伴整体进行表扬，并且每天都要显示出对他

们的关心。我们都只是拥有不同长处和短处的人而已，
因此真心实意的付出以及深层次的理解和沟通可以帮助
我们成功。管理人员必须总是把员工伙伴放在比自己更
重要的位置上，如果你能够这样做的话，你的公司就会
关心它自己了。①

　　萨姆先生领会到很多激励他人的方法，其中之一就是用别人
希望的那种方式来对待别人。他从戴尔·卡耐基那里学到了一条
经验，那就是一个人的名字对那个人来说是语言中最美妙的声
音，因此萨姆先生要求所有员工伙伴都佩带姓名牌，这样每个人
都能叫得出彼此的名字，甚至他自己也带了一个姓名牌，上面只
是简单地写了"萨姆"。萨姆先生还使用一些简单的技巧来激励
他人，如微笑、倾听、用姓名称呼他人以及注视对方的眼睛。以
下的这番话显示出这些技巧对建立良好人际关系的重要意义：

- 微笑看起来似乎很简单，但令人吃惊的是很多人却做不
  到，他们一整天都神情严肃，这也使周围的人很反感。
  萨姆先生似乎总是在脸上挂着微笑，这样能使他显得不
  那么严肃，而且能给人一种坦率和信任的感觉，他认为
  显示友好和展开微笑可以让你在与顾客、家人以及员工

---

① 大卫·哈切摘录自萨姆·沃尔顿的原话，出处是 Franklin Covey 网站。

伙伴的关系中显得更平易近人。你的微笑显示出轻松以及在和周围的人呆在一起时很快乐，当你微笑的时候就不会太严肃了，因为你总不可能在脸上挂着微笑的同时还发脾气吧！

- 我对萨姆·沃尔顿最记忆深刻的一点就是他的倾听，他拥有很多主动倾听的技巧，你和他谈话的那一刻会感觉自己对他来说是这个世界上最重要的人。很多人不是听萨姆先生要说什么，而是已经想好了要对他说什么，萨姆·沃尔顿曾经说过："你在听别人说话时要听完整并且全神贯注，那么你倾听的不仅仅是他的话，而是话语中传达的整个而非部分感情。"萨姆先生明白，人类所有需求中最基本的需求就是理解和被理解，他不喜欢谈论自己，因此便非常重视让他人谈论自己感兴趣和关心的事情。这对萨姆先生非常适用，因为人性就是这样，紧张的人总是易于谈论自己，这样可以使他们试着掩盖自己的紧张情绪。萨姆·沃尔顿会这样告诉你，如果想激励他人就从培养你自己的倾听技巧开始吧，好像是你问了一个开放性问题而让另一个人作答。良好的倾听技巧有激励他人的力量，萨姆先生领会到这其中包含了很有趣的一点，那就是人们都喜欢那种乐于倾听的人。这实际上是违背直觉的，如果你谈论自己会被视为令人讨厌的人，而如果你是好的倾听者则会非常受欢迎！萨姆先生就是一个极好的例子，他很少谈及自己而总是在倾听周围的每个人，他在这个过程中成为了极受欢迎和尊敬的领导者。

- 萨姆先生认为应该用名字称呼他人，甚至还有一个牢记他人名字的小诀窍。由于沃尔玛的员工伙伴众多，萨姆先生要求每个人都佩带一个姓名牌，让他们自豪和醒目地写上自己的名字，因为他意识到一个人的名字是语言中最重要的声音，即便再怎么用名字称呼某人也不会嫌多。如果你经常用名字来称呼他人，那么就能显示出你真诚地把他当成一个个人，传达的信息就是这个人对你很重要。萨姆先生意识到，用名字称呼他人可以使你们的关系显得亲密而且还有极大的激励作用。

- 要想表明他人对你非常重要以及你把所有注意力都集中在他身上，那么就注视对方的眼睛，因为这是一种最真诚的方式，无论在工作场所、教堂、学校或家里，只要你在交谈时注视对方的眼睛就会收到积极的激励效果。这种交流技巧对于一些人来说可能像是普通的礼节，但我们心底都知道希望哪些人在交谈时能注视自己的眼睛，这个简单的技巧涉及对他人微笑、进行目光接触以及使用一些主动倾听的技巧，例如点头或说"啊哈"（表示肯定答复的惊叹词）。萨姆先生对待顾客和员工伙伴时就是使用这种技巧，他的人际技能总是激励着他们渴望成就一番事业，因此员工伙伴对他非常忠实。

你有获得优异表现的动力吗？你想让他人也获得优异的表现吗？你愿意对每个人都抱有很大期望并希望他们获得优异表现吗？萨姆·沃尔顿确实是这么做的，他给我们树立了一个榜样。萨姆先生的职业道德具有传奇色彩，数以千计的沃尔玛管理人员都非常崇拜他，他激励这些人心甘情愿并长时间积极工作来完成任务。和萨姆先生一样，公司大多数管理人员在醒着的每时每刻也都在考虑公司的问题，由于沃尔玛的业务是全球性的并且每天24小时都营业，因此管理人员在全球各个商店以及各个昼夜都有需要处理的问题，这个快速而不断变化的环境要求他们充满动力，这由不得他们选择。

任何公司领导都能轻易地把积极大胆的目标一层层安排下去，然后期望员工伙伴来实现，很多领导使用的就是这种方法，但是员工伙伴会因此失去动力。让员工伙伴为目标充满动力的诀窍就是，首先要让他们参与并帮助设立目标，因为他们通常由于知识水平有限而未得到应有的信任，聪明的领导者知道应该怎样发掘他们的潜力，从而获得了团队协作带来的优势。如果员工伙伴参与了目标设立的过程，那么他们实现目标的动力就会越强。

萨姆·沃尔顿可以使公司经理和员工伙伴极为忠诚，因为他从不把自己都不愿意做的事情强加给他人，从而赢得了他们的心。萨姆先生经营自己零售帝国的方式很守旧，我可以给大家举个例子，他把自己的领导方式定义为"公仆式的领导"，简单地说就是把满足员工伙伴的需要摆在第一位，沃尔玛前任首席运营官唐纳德·萨德奎斯特曾经说过："无可否认，沃尔玛成功的基石源于我们尊重每个个体的强烈信念，我们远不止把员工伙伴看成一双能做事的手，还把他们看成令人惊叹的新想法的源头。"①萨姆·沃尔顿意识到，如果你表现出了对员工伙伴的关心，他们会反过来激励自己取得优异的工作表现。

大多数沃尔玛管理人员会时常被任命到新的工作岗位上，而他们又无法挣脱，这时的成败全都要靠他们自己。在通常情况下，没有相关经验的员工伙伴在新岗位上会取得意想不到的成绩，他们成功了！动力驱使着员工伙伴做一切必要的工作，他们在岗位上耗费再长的时间也心甘情愿，并且还在同事那里不耻下问，不可思议的是他们竟然一步步走向了成功。一些员工伙伴培训专家往往称这种现象是不可能的，其可能性仅仅只有百万分之一，而我却看到这种情况一再发生，充满动力的沃尔玛员工伙伴常常每天都把困难的事情变得容易，把不可能的事情变得可信！

当你把一个千载难逢的机会给予一个普通人时，他会意识到机会的罕见而不敢随意浪费，萨姆·沃尔顿对员工伙伴的信任胜过了他们对自己的信任，从而帮助他们创造了人生的奇迹。在我看来，萨姆先生通过自我实现预言的形式使那些普通人发生了转

---

① 来自于沃尔玛的中国网站。

变，因为他意识到了这样一点，如果员工伙伴认为自己会成功的话，他们就真的会成功；而如果他们认为自己不会成功的话，他们就真的不会成功。

　　我记得有个故事讲的也是同样的道理，说的是足球教练的信任对球员非常重要。一个球队在一次专业比赛中落后 2 分，他们在仅剩的几分钟里面临落后 4 分的危险，这时距离对手的四分线还有 1 码的距离，教练必须在这个时候做出决定，是踢三分球取得领先位置还是展开第一次进攻？踢一个三分球的距离是 42 码，这可以让球队保持领先；而如果推进十码并展开第一次进攻的话，他们就可以距离球门区更近一点。教练决定发起第一次进攻，球员们开始持球跑，但是却没有完成首次进攻，于是不得不把球给了对方球队而输掉了比赛。教练在衣帽间接受采访，他给出了不踢三分球的原因："我不相信我的球员能踢一个三分球。"那个球员此后就在球场上失去了战斗力，他在那一赛季其他比赛中的表现越来越糟，最终被赶出了国家足球队。后来有人问他表现不好的原因，那个球员是这样回答的："自从教练说我踢不了三分球之后，我就不再信任自己的能力了。"由于教练不相信他能踢一个三分球，那个职业三分球球手也开始相信自己做不到，如果雇员感觉经理对自己的能力缺乏信任时，那么他们之间也会发生同样的情况，这被称为消极的自我实现预言。

　　萨姆先生对员工伙伴的信任超过了他们对自己的信任，并且还给予一些难得的机会使他们接受挑战，而他则退回原位并把成败的最终决定权交给这些员工伙伴，这使他们的脑中深深烙着对成功的渴求，萨姆先生然后又激发了这种渴求，使他们为了成功而积极竞争和不断拼搏！这种自我实现的信念通常在你行动之前就决定了你的成败。

萨姆·沃尔顿是激励大师，他通过充分发挥员工伙伴的潜力而使他们获得了优异表现，这是他们最奢侈的期望都想象不到的，萨姆先生把机会给予了那个普通人的团队，从而使他们获得了非凡的成就！员工伙伴被任命到新岗位后就一心扑在工作上面，通过夜以继日的不懈奋斗终于解决了难题，并且从来都没有停下自己前进的脚步，他们在了解工作职责之前就已经领会了应该如何做，而且是非常的精通！这些员工伙伴和萨姆·沃尔顿一样，他们在大多数时间里所思考的就是自己未来的样子。沃尔玛激励员工伙伴的方法非同一般，这表现在激励他们要勤奋、相信自己会成功并且拥有十足的决心，而一些人最终在艰难条件下获得成功时，没有人会为此感到奇怪。萨姆先生知道动力十足的员工伙伴会获得成功，因为他已经创立了一个积极的自我实现预言。

我常常对观众们说，无论从事的是哪个行业的工作，您都要抓住机会使自己成为像萨姆·沃尔顿一样杰出的人，只要有动力、坚持不懈并且勤奋工作，你就能成为最优秀的。我讲过这样一个故事，0.250 和 0.333 的棒球击球率是有区别的，击球率是 0.250 的击球员用球棒在 12 次里击中了 3 次，而击球率是 0.333

的击球员则在相同次数中击中了 4 次，他们之间的区别仅仅只是
每 12 次里多击中了 1 次！当你想到这儿的时候，就会明白击球
率是 0.250 的优秀击球员距离击球率是 0.333 的卓越击球员的差
距也不是那么大！

正如这个例子所表明的，人们通过大多数有价值的努力换取
了优秀和卓越，而两者之间的区别并不是很大！然而如果卓越成
就很容易实现的话，每个人都会做得到！无论您从事的是什么工
作，实现卓越的关键就是相信自己以及相信自己有能力成为最优
秀的人，要像萨姆·沃尔顿一样付出代价，并且心甘情愿地比竞
争对手更勤奋工作，这样才能达到你所在行业的顶峰。我用以下
这段话作为自己许多演讲的结束语，现在我想用它来结束这个章
节。要成为最优秀的人并且实现梦想就必须有动力，这段话就抓
住了动力的实质，它的名字是"如果你认为自己被打败了"。

> 如果你认为自己被打败了，你就真的被打败了；
> 如果你认为自己没有胆量，你就真的没有胆量；
> 如果你渴望成功但是又认为自己做不到，
> 那么几乎能肯定的就是你不会成功。
>
> 如果你认为自己会失败，你就已经失败了；
> 因为我们在这个世上发现，
> 成功始于一个人的意志——

它全都在人们的思想里。

如果你认为自己比他人优秀，你就真的比他人优秀；
你想得高才能飞得高，
在赢得奖杯之前，
一定要对自己充满信心。

赢得人生这场战斗的并不总是
强大的男人或女人；
但是那些赢得最终胜利的
是认为自己能成功的人！

——匿名作者

第四课

与他人交流，
并显示出你对此很重视

　　萨姆先生和员工伙伴分享尽可能多的信息，因为他可以确信的是，员工伙伴在透彻了解公司之后就会全力帮助公司领导实现目标。

　　想象一下沃尔玛管理人员所面临的挑战吧：将近7000家商店、120个配送中心、15个国家的经营业务、快速增长的员工伙伴将接近200万人！这些挑战是惊人的，零售业是一个与人打交道的行业，一旦商店建立起来并且商品摆上了货架之后，顾客和雇员之间就开始了交易。和你住所附近相同的沃尔玛商店在全球有很多家，仅仅一周里就有1.3亿顾客来消费，多达83%的美国人去年在沃尔玛或萨姆俱乐部至少购过一次物。这是一个一年365天、一周7天、一天24个小时都在经营的公司，如果员工伙伴不能积极地给顾客提供优质服务，那么顾客可能就会选择在其他地方购物。萨姆·沃尔顿如何让每个员工伙伴都集中精力于提供卓越服务和控制花费？原因就是他以沟通大师的角色给员工伙伴灌输了"一个视野、一家公司"的思想。

　　萨姆先生取得非凡成就的第四个成功秘诀是"与他人**交流**，并显示出你对此很重视"。在萨姆先生看来，对公司有了更多了解并对压力有了更深理解之后，员工伙伴才会更加关心公司，才会帮助解决销售、服务以及花费方面的问题，并会在这些方面做出某些改进。出于这个目的，萨姆先生和所有员工伙伴详细谈论关系成功的关键指标，其中就包括机密的财务报告，他是想提供尽可能多的信息，因为他认为信息就是力量。就萨姆·沃尔顿而言，机密的财务信息是经营公司所必需的，把这些信息提供给员工伙伴具有很大优势，这种优势要远远大于将其泄露给竞争对手所带来的焦虑或潜在危险。

在沃尔玛这样大规模的公司里，想象一下让每个员工伙伴都了解公司的最新信息会有多难，一个沃尔玛商店经理这样描述超市里的众多员工伙伴：

> 我们商店在创立的当年就有830万美元的销售业绩，薪水册上有450个员工伙伴，当然在节假日就不止这个数字了，有25个拿小时工资的部门经理以及11个领月薪的经理助理，除此之外还有两个领月薪的经理由我负责。包括视力产品和药品部门在内，我管理的商店里共有20个领月薪的雇员由我负责。

是否拥有信息在沃尔玛是有差别的，这就是你能够对市场变化快速做出反应还是会制造混乱，如果没有重要信息的平稳流动，公司会瘫痪并在自身的压力下崩溃。这个零售巨头如何让所有商店和员工伙伴都获得必需的最新信息？它是从小处着想来实现这一点的。

其他公司的管理人员都在学习如何从大处着想、从小处着手然后一步步实现目标，而沃尔玛管理人员则学着从小处着想、从小处着手然后一步步实现目标。公司领导也使用同样的方法来应对沟通挑战，他们把一切都简化，通过掌握各个商店的特性来处理业务并关心它们。

让我给大家解释一下，如果沃尔玛是宇宙的话，那么各个商店则都是行星，它们有自己的问题、难题以及利害关系，商店经理学着从最小的地方以最简单的方式思考——一次只考虑一个商店、一次只考虑一个部门、一次只考虑一个顾客。为了应对这一挑战，总公司管理人员赋予经理所需的责任和权力来经营自己所在的商店，每个商店在销售和赢利方面都要单独看待，管理团队和员工伙伴都对自己的商店负全责，就好像自己的商店是连锁店中唯一的商店一样。因此每个商店经理都意识到，经营过程中的问题以及商店内部的问题都要由他们自己负责。沃尔玛把信息提供给商店经理，并培训他们每天如何把信息传播出去，世界各地的商店经理和员工伙伴就这样得到了所需的信息。

沃尔玛管理人员坚持的一条标准就是沟通，沟通，沟通。作为全球最大的公司并且每天都有新店开张，沃尔玛管理人员承受着巨大的沟通挑战。公司领导通过多种方式来应对这种挑战，包括卫星广播直播、沃尔玛电视和收音机、题名为《沃尔玛世界》的时事通讯、公司网站、电子邮件、公司培训项目、公开政策、员工伙伴意见调查、员工伙伴手册以及每个沃尔玛商店的每日"站立式"沟通会议。

公司通过自己的卫星广播室向商店传送直播或预先录制好的消息，同时公司也拥有自己的广播站，因此有能力把无线电或电

视节目实时传送给所有连锁店，在必要时还可以单独传送给某个
商店。萨姆·沃尔顿还在世的时候就已经使用了这种技术，当时
那些地区还在经历着组建工会。萨姆先生坐在本顿威尔的演播
室，通过直播的电视或收音机节目向员工伙伴讲话，每次讲话之
后那些组建工会的力量总是会消失。商品采购员也采用同样的沟
通方法，他们把季节性的产品战略介绍给所有商店的部门主管，
被沃尔玛称为"员工部"的人力资源部把直播或预先录制好的电
视节目传送给员工伙伴，内容涉及补偿、福利等对他们很重要的
信息。

　　沃尔玛也使用内部网和因特网与商店、配送中心、总公司以
及其他边远地区进行沟通，商店经理每周六都参加由区域经理主
持的电话会议，区域经理会把公司在世界各地的最新信息和大家
一起分享。

　　每天都举行的站立式会议有点像球赛中指导战术的球员聚
集，这种会议可以鼓励经理和员工伙伴之间的双向沟通，会议还
邀请员工伙伴提一些有关工作或公司经营的问题，并且会向每个
人提供影响公司或本地商店的最新信息。在通常情况下，你可以
根据会议最后五至十分钟的情况来判断信息传达的速度快慢，而
且可以判断出员工伙伴问了多少问题。有时会议是在商店前方收
银台旁的空地上召开的，这时顾客们也可以看得到，他们谈论的
话题包括"打开账目表"，以及分享在其他公司只有公司所有人
才能独享的信息，包括公司的销售业绩和赢利。这种会议每天都

要举行，在24小时营业的商店里则是每次轮班都召开一次，谈论的焦点通常是前一天的销售额，尤其是每个部门相对于销售预测的业绩，主持会议的经理会谈论公司的各方面，甚至公开谈论关系员工伙伴切身利益的话题。为了确保员工伙伴及时了解有关工作的重要问题和消息，沃尔玛始终在不遗余力地做很多事情，而以上只是其中的一个例子而已。

总公司的高层管理人员都要求参加周六早晨7点一个重要的信息和沟通会议，沃尔玛的周六晨会由萨姆先生开创，现在已在全球商业界享有盛名。这个行政领导会议在阿肯色州本顿威尔的总公司召开，由500个沃尔玛高层领导参加，他们就公司的竞争战略和对策进行实时的双向沟通。会议在公司礼堂召开，部分内容是包括公司口号在内的赛前动员会，部分是一连串幽默所带来的搞笑，还有一部分则有关公司业务。他们以非常活跃的方式谈论信息而不拘泥于定稿，并且鼓励每个人都参加辩论，依据主管人员前半个星期在商店收集的最新市场情报，总部各个职能部门的主管、经理和监督人员都参与公司战略和对策的调整。

这给沃尔玛领导人员提供了一个平台，他们可以在每周六根据市场变化来灵活地重新评价和调整公司战略和对策，新的指示则在当天下午传达给全球的各个沃尔玛商店，当竞争对手公司的主管人员周一回到办公室时，这些指示可能已经在实施当中了，因此沃尔玛周六晨会成为商界中令其他公司敬畏的竞争优势。沃尔玛这么大规模的公司能达到这样的沟通和灵活非常难得，这使得主管人员能够像开动鱼雷快艇一样灵巧地开动公司这艘航空母舰。

一个商品采购员向我们介绍了他一周的典型工作情况,并且讲述了不去商店时与其他采购员的沟通情况:

> 我在沃尔玛的工作日程是一周工作五天半,并在每天早晨 6 点就到达公司,大约 10% 至 15% 的采购员也是那个时候去的。我们一大早碰头之后就谈论自己在本周的采购额,然后在一整天的时间里打电话、做计划以及与卖主开会。在 12 个小时之后即大约傍晚 6 点完成了一天的工作,然后在下个星期也是同样的工作日程,我们在周六大约 7 点到达公司,整理好销售数据之后就前往礼堂参加周六晨会。公司所有主管人员、地区领导班子以及采购员会谈论周五之前的周销售情况,包括哪些部分做得好与不好以及原因,同时就个别销售问题进行讨论并试图就地找到解决方法。如果找不到答案的话,我们就亲自去寻找并到员工伙伴中去寻找。

萨姆先生的周六晨会强调沟通与解决问题,正是这个平台把公司各个部门真正联系起来并构成了凝聚的整体,部门之间的顺畅沟通也是沃尔玛成功的重要秘诀之一。

要了解萨姆先生的沟通风格就必须了解他的个人风格,他总是不停地对周围事物进行修补、改变和完善，他活到老学到老，把所有精力都集中在改善周围事物上。真正把萨姆先生和其他大多数领导者区分开的有两大特质，分别是他对公司的极大热情以及对员工伙伴的深切同情，他从来都没有丢掉自己平易近人的态度，而用正确和守旧的常识判断来经营公司。

萨姆先生拥有让他人消除疑虑的人格魅力，员工伙伴走近并跟他说话时会感觉很舒服，就好像是他的一个老朋友。只有极少数的人能够和遇见的人立即建立融洽关系，而萨姆先生就是其中一个，无论是顾客还是员工伙伴，萨姆先生都有兴趣知道他们的想法尤其是对自己商店的想法。你和他说话时会有这样一种感觉，那就是在那一刻你对他而言是世界上最重要的人，一旦遇见他就会知道他是一个非常特别的人。

一位沃尔玛前任经理向我讲述了他第一次遇见萨姆·沃尔顿的情景：

　　第一次遇见萨姆·沃尔顿时我是佐治亚州一个商店的经理助理，他来商店时非常低调，没有人确切知道他早晨从哪里乘飞机过来。萨姆先生在早晨 7 点的上班时间就进了商店，而那时我们向顾客开放的时间是上午 9 点。他在商店里走了一会儿，和所有的员工伙伴聊天。萨姆先生决定召开商店会议，于是把所有员工伙伴喊到了前面，他让每个人都坐在商店前方收银台旁的地板上,然后蹲下来和我们谈论顾客服务的重要性以及如何服务顾客。萨姆先生让在座的每个员工伙伴都感觉很好,他非常实际并且人品优秀,让你觉得他和任何人都一样而并没有高人一等。萨姆先生与员工伙伴打交道和攀谈,把自己放在和他们一样的位置上,这使所有人都感到特别舒服并且感到谈话时很轻松,你感觉到自己可以问他世界上任何问题而不会遭到取笑或责备。我们开完会之后当然还喊了沃尔玛口号,然后萨姆先生就又开始在商店四处看了。

你遇见萨姆·沃尔顿时有一点是确定无疑的,那就是你遇见了一个真正与众不同的人,什么性格特点使他如此与众不同又如此成功呢?我想到了一些最恰当的描述词语:诚实、竞争意识、勇敢、同情心、勤奋、节俭、有动力、自律、好奇、谦虚、顽强、坚定以及雄心,同时也可以这样形容他:拥有巧妙的都市生存能力、团队精神、员工伙伴开发专家、非常节俭、难对付的谈判家、卓越的沟通者以及积极的竞争者。萨姆·沃尔顿善于发现事实但却不吹毛求疵,他常常改变自己的领导方式来适应一系列角色,包括公仆式的领导者、披荆斩棘的人、冒险家、改造者、首席商人、讲故事的保守派、教师、团队建造者、企业家、有远见的领导者、戏剧表演家、激励专家、喜剧演员、心理医生以及牧师,总之,萨姆先生是沟通艺术的大师。

当沃尔玛发行股票成为上市公司时，成群的记者来到本顿威尔希望采访萨姆·沃尔顿的成功故事。萨姆先生从不和记者往来，但是所到之处还是被他们追逐着。记者们城里城外一直跟踪他去了什么地方以及做了什么事情，却总是发现他在肖尼饭店吃饭或在本顿威尔广场的理发店剪发。一个爱挖苦的记者问到："你为什么在理发店剪头发？"萨姆先生感到很奇怪并且非常令人失望地回答："我还能去其他地方剪头发吗？"

想象一下这样一个亿万富翁：他开着小卡车、戴着棒球帽、在肖尼饭店吃饭、在当地的理发店剪发、住在普普通通的屋子里面，这就是萨姆·沃尔顿，他是那种听话又守旧的乡下孩子，喜欢带着狗打猎，而与此同时又是一个商业天才。萨姆·沃尔顿在零售业的地位就像迈克尔·乔丹在篮球界的地位一样，他绝对是零售业的大师，如果乔丹是"篮球场上的国王"，那么沃尔顿就是"零售界的批发王子"。

萨姆·沃尔顿最热心的一件事情就是去商店和顾客交谈以及直接同员工伙伴交流文化信息，众所周知他是一个飞行家，因此总是在没有任何通知的情况下乘飞机去探访商店。一个沃尔玛商店经理向我讲述了一个非常难忘的故事，说的是萨姆先生在没有事先通知的情况下拜访他在阿拉巴马州的商店：

> 我去顾客服务台处理事情时遇见了萨姆·沃尔顿，
> 由于之前见过他几次，于是便一眼认出了他。区域经理

曾说萨姆先生可能会在这一地区，但是却并不知道他是
否真的会去你的商店，因为附近可供选择的商店很多。
萨姆先生一下子就记起了我，在握手之后便问我为什么
没有派人去接他，我说自己并不知道他打算来这里访
问，如果知道的话是一定会去接机的。那天和萨姆先生
一起来的是一个老人，他开车把萨姆先生从机场送到了
商店，于是便让我付钱给他。事实上萨姆先生随身没有
携带钱包、信用卡或任何现金，我于是用商店的小现金
账户替他付了钱。在驾车驶过机场时，那个老人发现有
人在机场前的路上寻求搭便车，于是就停下来让他上
车，但他根本不知道那个搭车的人就是创立沃尔玛的萨
姆·沃尔顿。

　　萨姆先生对商店的突然造访非常具有传奇色彩，他每周都会
在没有确切日程安排或没有事先通知或计划的情况下突然造访商
店，而目的就是周末回到本顿威尔时能掌握最新的市场信息，然
后和公司领导人员一起分享，这样他们就可以制订自己的竞争战
略了。包括采购员在内的所有沃尔玛主管都要视察商店，他们每
周都乘坐由专业飞行员掌舵的沃尔玛螺旋桨飞机去往全国各地的
市场，目的就是拜访竞争对手的商店、会见沃尔玛员工伙伴以及
与顾客攀谈。萨姆先生认为信息就是力量，并且认为可付诸行动
的最新信息是真正的力量，因此沃尔玛的市场情报一直都是公司

在竞争中的一个战略和策略优势。

萨姆先生过去常常说："你只坐在办公室里是不可能'把这个世界销售出去的'。"一个来自本顿威尔总公司的商品采购员向我们证实了视察商店的重要性：

> 我把25%至30%的时间花费在视察商店上，所有采购员都要在每年的感恩节和圣诞节期间在商店工作满5天，你可以选择美国的任意一家沃尔玛商店，并且要在那里做各种工作，例如帮助摆放存货、清理工作以及帮助顾客。每年的这段时期都会非常忙碌，因此员工伙伴对你的任何帮助都会非常感激。我要去探访俄克拉何马州一家小镇上的商店，由于之前没有去过那里，因此在四五个小时的车程之后才到达。他们见到我这个从公司总部来的人非常兴奋，并且由于我可以帮助商店的员工伙伴干体力活儿，这使他们非常受鼓舞，于是建立了与总公司的友谊之情，这种情谊有点像"大集体"的概念。

> 采购员和地区经营班子要在一年中不断地视察商店，由于他们办公的地点是公司总部，因此每周出差时总是带上两三个或四个采购员一起去。每个采购员都有自己的专属领域，因此他们会检查商店中自己所管辖领域的情况，看看是否有任何可以帮助解决的问题，而这

使我们能够对其他方面的情况也有所了解。如果不了解
商店情况就不可能尽一个采购员的职责,各个商店的探
访改善了整体的沟通状况。

　　萨姆先生这样教导公司管理人员:如果你在工作中发火,员
工伙伴会效仿你,他们也会在工作中发火!萨姆先生不知疲倦地
工作,希望把自己的标准和价值观灌输给公司的每个人,从而把
自己的热情传递给他人。萨姆先生发明了一个独特的战略来做到
这一点,那就是通过讲故事与员工伙伴交流,从而把自己的标准
和价值观灌输给他们。

　　萨姆·沃尔顿还有一个更为有趣的战略,他通过民间传说来
弘扬自己的公司文化,他非常善于讲故事,通过深富文化内涵的
故事使员工伙伴了解了销售、服务和费用控制理论的重点内容,
并且还进一步强化了公司标准。萨姆先生会不断重复那些他自己
最喜欢的故事,以便强化其中包含的重要文化信息,而且重复简
单又易记的故事可以避免沟通中可能存在的超负荷现象。萨姆先
生一直坚信,员工伙伴有可能忘记了故事的细节,但是他们却会
永远铭记那些好故事,公司的文化史和这些故事永远紧密地联系
在了一起。萨姆先生的故事一般都非常有趣和难忘,而且通常都
和某个员工伙伴所做的重要贡献有关,他向经理和员工伙伴灌输
公司标准的首要方式就是讲故事。

　　沃尔玛和萨姆俱乐部也通过仪式的方式来传达文化理念,其

中一种就是沃尔玛口号。举行员工伙伴团体会议时要喊口号，这是显示团队精神和忠诚的一种方式，同时也能使每个人都关注顾客服务的重要性。萨姆先生有宏伟的沟通计划，民间传说、讲故事以及仪式都是其中一些最有趣的策略。

萨姆先生如何让公司领导以及经理都信奉自己的沟通标准呢？他提出了总共 11 种关键的领导力，然后向他们传达这些沟通标准。这些关键领导力是从大约 100 种领导力中挑选的，这意味着萨姆·沃尔顿和主管团队仅仅把注意力集中在 11 种能力上，而把其他能力都排除在外了。萨姆先生直接参与了沃尔玛关键领导力的最终筛选，他把这些能力分成了两部分——一部分被称为员工伙伴技能，另一部分被称为工作流程：

员工伙伴技能	工作流程
沟通	不断的改善
发展他人	紧迫感
激励他人	团队发展
以顾客为中心	组织/策划
倾听	期望/赋予责任
	解决问题

这 11 种关键的领导力最终被确认，从而使沃尔玛主管人员能统一把这些标准和期望传达给所有经理和监督人员，以下将对

这两个方面的领导力进行一一描述。

员工伙伴技能

沟通

每个沃尔玛商店都有几百名员工伙伴，因此经理在统一传达有关公司工作和文化的标准中发挥着重要作用，沃尔玛的员工伙伴众多并且连锁店在全球各地都有分布，可以想象在这种情况下连实施一个简单的指示都会面临很大挑战。萨姆先生希望顾客迈进自己的每一家商店，并且希望他们在每家商店都有积极的购物体验，这意味着他的文化标准必须在世界各地都保持一致。要实现这个艰难的任务只有一种方式，那就是向员工伙伴队伍的所有人都积极传达这一标准，他们在日常业务中所需的帮助、信息以及动力都由经理负责提供。

萨姆先生认为有一点很重要，那就是每个人都应该了解周围事情的进展情况，这样就可以在解决问题的过程中贡献自己的一份力量，他认为团队的真正成功需要所有成员都参与并了解公司策略。萨姆先生把沟通视为双向通道并非常重视员工伙伴在沟通中的贡献，他认为很重要的一点就是，员工伙伴要了解公司进展并发表自己的见解，因此就开创了每天在商店和配送中心召开站立式会议的策略，24 小时营业的商店则意味着一天召开三次会议，以便使三班的员工伙伴都了解情况。这些日常会议使萨姆先生确保了员工伙伴能持续了解公司的最新进展，并且给予了他们在工作中的信心。

发展他人

如何使沃尔玛的员工队伍不断壮大一直是萨姆·沃尔顿关心的问题，几乎每天都有新商店开张，因此对合格员工伙伴的需求基本上无法被满足。为了避免来自其他公司的新员工伙伴把本公司的文化冲淡，萨姆先生必须要找到一个能复制自己公司文化的方法，而他的解决方法就是培训自己公司的员工伙伴，然后让他们抓住晋升机会。开发本公司员工伙伴的聪明才智和潜力，然后从公司内部选拔领导，这已经被证实是沃尔玛成功发展战略中一个至关重要的因素。从某些方面讲，萨姆先生认为公司所有领导的首要职责就是雇用新员工伙伴并开发他们的聪明才智，因此沃尔玛经理在发展员工伙伴方面被赋予了双重职责：首先，公司期望他们通过教导和培训使员工伙伴胜任目前的工作；比这更重要的是第二个任务，也就是使员工伙伴为承担更多职责以及成为公司未来的领导做准备。把员工伙伴从总公司的职能部门成功调到他们没有必备经验的岗位上，这在萨姆·沃尔顿看来是十分平常的，他坚信并且证实了轮岗培训可以确保晋升机会来临时公司内部有一批可供挑选的候选人。

激励他人

沃尔玛商店或配送中心经理面临的一个最困难的任务就是平衡公司和员工伙伴之间的需求,萨姆先生期望管理人员能够领会实现这一不稳定平衡的方法,他认为经理真正的成功要依靠以下标准来衡量,即他是否有能力和愿望来帮助团队的其他员工伙伴来尽可能地实现成功。当员工伙伴感觉或体会到经理在关注他们的利益时,他们会反过来关注公司的利益。萨姆先生宣扬、强调并且教导管理人员的一点就是,拥有强大的员工伙伴技能非常重要。可以说在极大的程度上,那些被萨姆先生提升到更高岗位上的都是经证明有能力和众多团队成员合作并能激励他们的领导者。

以顾客为中心

萨姆先生认为应该使用由外向里的方法以便顾客挑选商品,这是他在创业初期独创战略的一部分。在视察自己的商店时,萨姆先生会和顾客交谈并询问一些有关现有商品种类的看法,他也去探访竞争对手的商店,希望能发现一些新产品的思路以便引入沃尔玛的发展中。欢迎顾客、在商店中接触顾客并且帮助他们找到所需的产品就是优质顾客服务的全部内容,也是萨姆先生服务理论的基石。萨姆先生一些有关顾客服务标准的经验是从斯图·伦纳德身上学到的，伦纳德在新英格兰拥有一家杂货店，他既是经营者也是创立者。伦纳德在应用以顾客为中心的战略方面是先驱，他的名叫斯图·伦纳德店的杂货店在销售额和服务方面都超过了同行业标准，他的服务理念就是"我们的任务就是在友好和快乐的气氛中以最优的价格出售最新鲜的产品，从而为顾客创造快乐！"斯图·伦纳德给自己设立的标准就是保证产品"无任何质量问题"，萨姆先生非常喜欢他的这种做法，因此就把伦纳德的一条服务格言加入到沃尔玛的顾客服务培训项目中。伦纳德有关顾客服务的两条法则是：

法则一：顾客永远是对的。

法则二：如果顾客是错的，请参照第一条法则。

萨姆先生把这句格言设立为管理人员和所有员工伙伴的服务标准，该标准直到今天仍一直被采用。

倾听

萨姆先生认为自己与员工伙伴的关系应该是合作伙伴关系，因此他们之间需要良好的沟通以及不断地交换想法，这也意味着要倾听员工伙伴的想法、建设性的批评意见以及反馈。萨姆先生认为倾听员工伙伴的想法非常重要,并且在公司上下坚持开放、自由以及诚实的沟通方式,他认为有一点很重要,那就是要去工作场所拜访员工伙伴,然后在他们非常轻松的状态下与之交谈。当争议或问题出现的时候,萨姆先生总是积极地发现事实而不是吹毛求疵,他还鼓励员工伙伴通过公司的公开政策来处理和解决问题。萨姆先生鼓励员工伙伴提出新想法并鼓励他们尝试新方法,他是第一个承认以下事实的,即目前被公司采用的一些好想法是员工伙伴提出来的。

工作流程

不断的改善

不断改善这个概念是萨姆·沃尔顿在沃尔玛建立全面质量控制的支柱之一,好的东西对他来说永远都不是足够好,他鼓励大家把沃尔玛许多工作流程的各个方面进行全面改善。萨姆先生不是那种不容许别人批评的人,大家可以对每个流程、步骤或政策进行仔细检查,然后找到一些有可能改善的地方,不断改善的目标永远都是减少完成任务所需的时间和努力。在某个地方做出的小改善可以被轻易地应用到世界各地的其他地方,因此你在本地做出的小改善很可能会对全世界造成重大影响。

紧迫感

我在沃尔玛总部的办公室里悬挂了一张名叫"日落法则"的海报，它强调了要完成工作任务的公司标准，这就像是一种不许拖延的政策。对于商店或同事提出的任何或所有要求，公司的每个人在每天回家之前都要贯彻实施，这就是日落法则的要求。随着公司规模不断扩大、商店和配送中心数量的增长以及员工伙伴队伍的不断壮大，实现日落法则这个高难度的标准是说起来容易做起来难。这条标准造成的快节奏可以说简直让人发狂，每个人都全神贯注并希望在此时此刻就把事情办好。员工伙伴和部门之间的沟通会在一天中随着时间的流逝而加大力度！萨姆先生创立了很多公司内部顾客服务标准，日落法则是其中非常重要的一个因素。

团队发展

团队合作在沃尔玛是一种生活方式，公司经理花费大量时间来促进员工伙伴和部门之间的合作。大家在合作的同时还要尽自己的职责，而且当机会出现时要给予他人支持，这有点像是一场篮球比赛。萨姆先生明白团队协作的力量，他的目标就是实现协作，沃尔玛的团队协作建立在这样一个基本前提之上：假设一个团队中有十个成员,如果他们彼此不沟通而只是各司其职,那么他们的工作水平不会很高;而如果他们相互沟通并团结合作的话,他们的工作表现会很优异。沃尔玛员工伙伴都是通才而非专才,你决不会听到有人说"这不应该是我干的!"很多公司都没有让员工伙伴本着真正合作的精神来协作和交流,从而丧失了实现团队协作的机会。

组织/策划

沃尔玛的任何事情都是大事。商店面积超过了 20 万平方英尺,配送中心的面积则多达 100 多万平方英尺,那里存放着成千上万的商品以及拖车队每天拉载的一些新货,除了这种混杂的场面之外,还要面临协调数以千计的供应商以及几乎 200 万员工伙伴所带来的挑战,你可以想象组织和策划有多么重要。况且商店是一天 24 小时都营业并且一天三班,公司经理总是在处理那些永不停息的事物。在这种紧张忙碌的环境中,你是否具有组织和策划众多活动的能力会造成两种截然不同的后果,要么是经营良好的公司,要么是一团混乱。要经营一个庞大的超市或配送中心需要团队合作,唯一的方式就是所有人都团结合作并共同努力。为了实现这一目标,公司经理要制订每日和每周计划并传达给所有相关人员,从而来保证活动的组织性,这是非常重要的。

期望/赋予责任

正如本书前言部分的题目所表明的，高期望值是在沃尔玛做一切事情的关键，萨姆先生总是认为要制定不容易实现但又不是无法实现的目标，他常常说自己的成功是员工伙伴超越自己期望的结果。萨姆先生创立了自我实现预言，从而使员工伙伴团队去挑战他们自己认为无法实现的目标，而他们往往都达到或超越了萨姆先生乐观的期望。如果你要求员工伙伴实现一些普通目标的话，他们的工作表现就只会维持在普通层次；然而萨姆先生发现，如果你要求他们去实现高层次目标的话，这个普通人的团队就会协同合作并发挥出优异的工作表现，而他们的优异表现常常令领导吃惊，这就是沃尔玛的高期望值、赋予责任以及团队协作的力量。

解决问题

萨姆先生认为不应该把时间浪费在责备和埋怨上而是要解决问题，因为当大量问题不断出现时是根本没有时间考虑其他事情的，他希望每个人在问题出现时都能迅速予以帮助。经理经常把成群的员工伙伴聚在一起交流想法，就某个既定情况来征求他们的意见，以便找到解决办法并付诸实施。萨姆先生常常说，和工作实践最近距离接触的员工伙伴总会拿出解决问题的最好办法。沃尔玛给予员工伙伴解决各种问题的权力而不必向经理指示，包括收取货款和更换产品，他们解决问题的速度证明了团队合作、充满干劲的态度、职业道德以及紧迫感。顺便说一下，萨姆先生总是把问题视为机遇。

说实话是萨姆先生另一条有趣的沟通标准，由于他的本意并不是寻找并惩罚哪个责任人，因此沃尔玛经理和员工伙伴都把注意力集中在解决问题上，并且会开诚布公地对问题进行讨论。故作姿态、预先定位或长篇大论都被看作是浪费时间，沃尔玛方式一直都是如实回答问题，我发现这种方法总是能使人耳目一新。非常有趣的是，你对萨姆·沃尔顿并没有什么可隐瞒的，只要说实话就行了，由于公司文化建立在诚实的基础之上，这使得沃尔玛能够很轻易地解决问题。

在公司之外的人看来，沃尔玛追求优异表现的文化是使公司异常神秘的一个地方，很多人都会问这样的问题，一个拿零售工资的人为什么这么在乎他的工作和公司。这是事实，沃尔玛的大多数员工伙伴确实非常在乎公司和他们的工作，他们对沃尔玛商店、萨姆俱乐部以及配送中心都具有强烈的主人翁责任感和自豪感，这是什么原因呢？这是萨姆先生的多种措施所带来的综合结果，而不是单一某个措施的结果：是晋升机会以及强调团队合作；是经理非常关心员工伙伴，大家在一起就像一个沃尔玛大家庭；是普通人在这里得到了他们在美国其他公司几乎得不到的机会，所有这些因素以及利润共享促使沃尔玛的普通员工伙伴表现出了对公司成功的狂热。在这一过程中，那些在聘用时只具备普通技能的员工伙伴变得充满动力，并且积极争取优异的工作表现。沃尔玛充分发挥了员工伙伴个人和团队的潜力，实际上是以小付出得到了大回报。由普通人组成的员工伙伴队伍可以获得优异的表现，萨姆先生由此领会到的最大成功秘诀就是，要把员工伙伴当作商业合作伙伴来沟通！

第五课

重视和赏识他人的努力和成就

　　萨姆·沃尔顿喜欢述说员工伙伴取得的卓越成就，然后让公司的其他员工伙伴把他们当成工作中的典范，他明白只要一个员工伙伴可以取得这样的成绩，那么其他员工伙伴也能够做得到。

　　我还记得萨姆·沃尔顿亲自主持周六晨会时的情景，我到达公司时得知萨姆先生打算在晚些时候去打猎，因为我看见猎狗笼子就放在他的小卡车上。事实上，他当时已经把猎狗带进了公司大楼，并且松开链子让它们在总部大厅里跑。会议讲台上的萨姆先生穿着猎装和全副武装，头上戴着非常相配的沃尔玛棒球帽并且拿着写字夹板，显然他连一分钟时间都不想浪费，已经做好了会议结束后就直接去打猎的准备。

　　萨姆先生那天早晨谈论的还是他一直都很关心的话题，那就是商店的员工伙伴，这么多年已经过去了，可我对他的话仍然记忆犹新："那些在第一线的人——就是和顾客真正交流的那些人——是唯一真正了解公司进展的人，你们最好了解一下他们究竟知道多少东西。"萨姆先生每周都主持周六晨会，而他每周谈论的几乎都是这个类似的观点，即商店和配送中心的员工伙伴以及卡车司机对公司的成功起着非常重要的作用。

　　萨姆·沃尔顿取得卓越成就的第五条成功法则就是"对他人的努力和成就心存感激并且予以承认"，他认为要做到这一点就应该经常对员工伙伴的成绩进行公开表扬，他每周也对公司领导和员工伙伴重复同样的话，即员工伙伴对公司的成功起着非常重要的作用。萨姆先生真的是非常感激员工伙伴为公司所做的一切，而且员工伙伴都知道这一点！他意识到单单薪水、表彰以及利润共享不足以在员工伙伴中建立自己所期望的那种忠诚，他们一定要知道你感激的是个人而非整个员工团队。无论我们拿的是月薪还是计时工资，我们都希望听到公司领导赞扬自己的努力和成绩。萨姆先生会对那些应受赞扬的人进行公开表扬，这样可以树立销售、服务以及费用控制方面的模范，从而对其他员工伙伴起了积极或带动的作用。

　　我作为主旨发言人常常要在会议上讲话，其中一个讲话主题就是"我从萨姆·沃尔顿身上学到的：如何在一个沃尔玛世界中竞争、生存和壮大"。报告之后一般紧接的就是问答环节，我在这个环节中最常碰到以下的情况，那就是基于自己看到或读到的新闻报道，观众们形成了有关沃尔玛员工伙伴待遇的看法，而我的回答则是基于对萨姆·沃尔顿信念的了解以及他教导管理团队的亲身体验。萨姆先生信奉黄金法则价值标准，也就是说，他以期望别人对待他的方式来对待别人，并教导公司主管、经理和员工伙伴在对待彼此、供应商和顾客时也要采取同样的方式。一位沃尔玛前任商店经理对这个问题有极大的兴趣，并且对萨姆·沃尔顿和沃尔玛方式持积极赞成的态度，以下就是他的一些想法，并且还说自己对"屡创纪录"很感兴趣：

　　　　当看到有关沃尔玛的负面媒体报道时我感到很失望，里面有很多都是不真实的。请别误会我的话，沃尔玛确实存在一些问题，但是你们在新闻中看到的都不是沃尔玛实际存在的问题，这些不实的报道包括：在雇用员工伙伴过程中存在歧视；没有以公正的方式从公司内部提拔员工伙伴；通过让员工伙伴在不合理条件下工作来乘机利用他们；以及让员工伙伴永无休止地工作。

令我失望的是在新闻报道中经常发生以上事情，并且说这是沃尔玛经理的一贯做法。我所了解的事实就是这些情况不是真实的。每个人都非常乐于承担和接受责任，他们都是主动而非公司强迫的。在经营发展过程中，公司并没有四处寻找员工伙伴来让他们承担责任，但是从手推车工人到部门经理都有义务去积极主动地承担责任，如果他们想肩负起责任并且发展自己的话，他们的未来将是不可限量的。

实际情况就是，当公司成长为像沃尔玛这样的全球最大公司时，新闻报道、法律纠纷以及外界指责几乎是每天都出现的情况。我认为沃尔玛现任领导中的绝大多数都信奉萨姆·沃尔顿的理论，如果你仔细观察的话就会发现，有关沃尔玛及其领导人员的负面报道大多都是特殊利益群体制造的，而典型情况就是这常常是某个经理或员工伙伴的个别情况，要么是因为他们没有被"预留"在这个大集体，要么是明显违反了萨姆先生亲自教导的公司政策或指示。这种对公司的指责明显会继续下去并且争论也还在继续，但是我可以告诉你的是，我从萨姆·沃尔顿身上学到了应该如何待人，并且我看到的新闻报道常常都是事实的对立面。正如我在会议发言时告诉观众的那样，萨姆先生感激和重视员工伙伴并且认为他们是沃尔玛成功的关键。

萨姆·沃尔顿坚信应该走出办公室和员工伙伴呆在一起，他实施的策略是"走着经营"，这常常被指责为"逛着经营"。如果你能回想起来的话就会知道，走着经营是不久前非常流行的每日计划管理理念。大多数公司及其领导人员只是试用了一段时间，然后就开始采用下一个流行的优秀管理理念了，而沃尔玛领导人员却一直在信奉这一理念，并且至今仍在继续实施走着管理。就像这个简单的理念一样，有时领导者意识到了这是最好的，甚至连自己曾经使用过的理念都忘记了，因此你很可能会再次采用走着管理来处理和雇员之间的关系！

萨姆先生认为应该探访商店和配送中心，但他并不和当地经理呆在一起，这样他就能四处走走并和员工伙伴进行一对一的谈话。他对公司经理说，走着经营的时候不要和员工伙伴谈论公司，而是要上前询问他们的丈夫、妻子或孩子。走着经营给你提供了这样一个机会，你可以让员工伙伴知道你是多么地感激他们。萨姆先生认为应该一个个逐步认识员工伙伴，他的理由就是除非员工伙伴认为你真正把他们当作个体来关心，否则你只能赢得他们的"手而不是他们的心"，这是萨姆先生成功与员工伙伴打交道的秘诀之一。当员工伙伴觉察到你非常关心他们个人，他们就会以一心一意地关心工作和顾客来作为回报。一旦管理人员抓住了员工伙伴的心，那么就有了取得辉煌成就的可能。

萨姆先生认为应该对员工伙伴的成绩予以承认，而他自己就常常这么做，我认为他最喜欢使用这个方法的原因就是这是免费的。萨姆先生以自己的实际行动来教导周围的人，他几乎每周都和公司领导谈论哪个员工伙伴在不辞劳苦地服务顾客、实现了安全目标或类似的成就。萨姆先生把在沃尔玛创建认定文化视为自己的使命，公司其他领导也用行动清楚地表明了自己非常重视员工伙伴的贡献。萨姆先生不喜欢别人对他的成绩予以肯定，但是却喜欢给予别人肯定。

萨姆先生认为应该公开强调员工伙伴的积极表现，而消极行为则应该在私下一对一的谈话中予以消除，他期望经理能够在工作区域四处看看，以便找到值得表扬的员工事迹，从而在员工伙伴也出席的日常会议上予以赞扬。而许多公司却非常擅长揪住员工伙伴的错误，甚至还针对如何处理不良表现提供了精英培训，萨姆·沃尔顿认为应该捕捉到员工伙伴做正确事情的那一刻！他在周六晨会上给 500 名高层管理人员讲解对"一分钟经理"研讨会的看法，主要是教导如何在公开场合着重强调员工伙伴的积极或正确行为。与此同时，萨姆先生也谈到了对工作不认真的员工伙伴给予指导是非常重要的。

萨姆先生总是能发现员工伙伴在工作中的正确行为，并且把他们的成绩展示给大家，因为这样可以在商店、配送中心以及卡车队伍中给其他员工伙伴树立榜样。在销售、服务和花费控制方面都有一些活生生的例子，公司会对他们予以公开表扬，以便使其他员工伙伴也能获得令人期望的表现。在沃尔玛，人们谈论的是团队合作中那些表现杰出的人，这还是在重复同样的内容，即在沃尔玛获得成功需要具备怎样的条件，以下是一个沃尔玛前任商店经理讲述的有关赞扬的故事：

在沃尔玛，你想拥有多少所有权和责任都行，没有任何东西能阻拦你。我可以给你举个例子，有个大学生在沃尔玛干兼职工作，他的任务是装配自行车，我决定让他管理整个自行车部门，由他负责自行车的销售和促销。有一天他拿着一张目录来找我，上面标明山地自行车的价格是 200 美元，这一价格在当时来讲是非常惊人的！他说："我认为这些都能够卖得掉，我想给我们的商店订些货。我和大学的很多人都谈过，他们表示愿意买这些价格不菲的自行车。"作为一个商店经理，我对他说："我已经把所有权都交给了你，所以我现在必须信任你。你就去干吧，想订多少就订多少，我们来看看卖的怎么样。"沃尔玛现在出售各个种类的高端自行车，但是第一个卖这种自行车的却是那个商店的自行车部门。那个年轻人是第一个通过出售高端自行车来挑战极限的人，并通过肩负所有权的责任做到了这一点。为了向顾客着重展示新型自行车，他每月都会再多做一次宣传，他这样做完全是由于自己被赋予了该部门的所有权，这个例子表明一个对促销感兴趣的人会肩负起所有权的责任。几乎没有一个公司会把所有权授予兼职员工伙伴，但是沃尔玛每天都在这么做，我把这个有关所有权的成功故事讲给商店的每个人，这个好故事强调了每个员工伙伴都能在公司中发挥重要作用，例子中的那个员工伙伴除了获得认可之外还得到了金钱奖励。一个兼职员工伙伴的想法会在其他沃尔玛商店实施，你可以想象一下这会对整个连锁店的销售额产生多大的影响，这是一个极好的例子，它证明了授予员工伙伴所有权以及公开赞扬他们的成就能发挥巨大的影响。

萨姆·沃尔顿拥有心理学和经济学学位，但是他对员工伙伴激励方式的看法却非常离奇，他凭直觉认为员工伙伴都渴望被承认，那些普通的员工伙伴希望拥有成就感，并且认为人们无论从事哪种行业几乎都想把工作做好。萨姆先生的经理发挥了非常关键的作用，他们一再向员工伙伴强调能否做好今天的工作非常重要，以及公司期望他们都尽全力把工作做好。萨姆先生以这样的方式教导每个人：对于发挥重要作用的员工伙伴，要承认他们的努力和成绩。当了解员工伙伴非常希望圆满完成工作、渴望在工作中真正肩负所有权的责任以及对自己的工作领域非常自豪时，萨姆先生决定给他们一个挑战，让他们就一些公司有关的问题去寻找解决方法。更重要的是，当员工伙伴用自己的新想法挑战公司的固有想法时，公司会把所有权授予这个员工伙伴，而通常只有企业主才会提出自己的新想法并予以实施。萨姆先生意识到在任何战略中，想法都是其中比较容易的一部分，而实施常常是较困难甚至是不可能的。萨姆先生明白，那些肩负所有权和授权的员工伙伴非常有动力向公司和他们自己证明：在管理人员不参与的情况下，他们能在领导岗位上找到解决问题的办法并加以实施。

　　如果某个员工伙伴对自己解决问题的方法、新想法或有关产品或服务的建议信心十足的话，聪明的经理通常会提供一个让他展现自己的机会。当你有决心或热情干某事时就常常会发现实现目标的方法，一旦你通过勤奋实现了目标，经理需要做的就只是把你的成就拿出来给大家看！要真诚地感激表现出色的员工伙伴，这样在很长时间之后才能在整个员工伙伴队伍中建立起自信和自尊。

　　对于乐于承担更多责任的员工伙伴，公司常常给予他们奖励并通过提供晋升机会来予以承认，这些晋升机会包括部门经理、经理助理甚至商店经理。在沃尔玛，人人都有平等的机会来承担更多责任，没有解决的问题有很多，没有开发的资源也有很多，这些都在等待那些积极主动的员工伙伴去处理。对于那些想超越日常责任并期望对公司某方面做出改善的员工伙伴，他们的天空从事业发展的角度看是无限广阔的。沃尔玛管理人员中的绝大多数都是从公司内部提拔上来的，与其他公司的工作经验相比，萨姆先生更看中在沃尔玛的工作经验，他非常喜欢那种知道并了解沃尔玛办事方式的员工伙伴。对于兢兢业业并对公司忠诚的员工伙伴，萨姆先生都想给予他们奖励，因此如果某个普通的员工伙伴表现出了领导特质并喜欢承担责任的话，他/她通常会得到晋升机会。对于用努力和成绩证明自己确实是人才的员工伙伴，他们会有很多晋升机会，过去和现在都是如此。

曾经有人说过："许愿时一定要小心翼翼，因为你很可能会实现它。"当有人谈论沃尔玛的晋升机会时，我就常常想到这句话。你知道晋升机会已经在等待积极主动的员工伙伴，对于刚刚被提升并肩负更多责任的员工伙伴而言，他们的任务就是证明自己能胜任这一挑战。萨姆先生对任何事情的标准都是令人畏缩的，领导者的学习曲线在一开始就是骤升的，不幸的是给予这个过程的时间却非常有限。沃尔玛方式要求员工伙伴非常敬业、勤奋、长时间工作以及注重细节，而这些是一些人根本就不愿意做或做不到的。做任何事情的关键就是要有高期望值，这么看来似乎任何事情都可以排在第一位。经理必须超越顾客的期望、使货架上的货物充足并使付款的顾客保持较高的流动性，他们都在用尽可能少的预算来完成这些任务，这常常意味着要减少员工伙伴的数量，而这样就没有足够的人手来工作了。很多公司都雇用临时工或让员工伙伴加班来完成额外工作，而沃尔玛的额外工作却需要由领月薪的经理来完成，而且他们无论如何都要完成，薪水预算受到严格监控并且公司从来都不付加班费！因此沃尔玛的工作节奏一直都让人发狂，出于以上显而易见的原因，那些升职的人要取得成功的话，就要付出更多的艰辛努力并拥有高度紧迫感。

沃尔玛高层管理人员并不像其他公司的主管人员那样威风，他们没有豪华办公室、指定停车位、乡村俱乐部会员身份或者公司配置的汽车，他们没有专门的餐厅或者私人盥洗室，甚至连咖啡和油炸圈饼都要自己付费！在萨姆先生看来，每个员工伙伴对公司的成功都是同等重要的，他们应该被公平对待，并认为领导者不能说一套做一套，因此期望在其他员工伙伴身上实施费用控制时，萨姆先生和其他主管人员就必须以身作则。如果公司要求出差人员必须住两人间的廉价旅馆，那么主管人员也必须遵守这一规定，对每个人公平其实是对所有人公平，每个人都要乘坐经济舱，因此萨姆·沃尔顿也是一样。想象一下亿万富翁乘坐商务机并坐在经济舱的情景吧！萨姆先生总是这样以身作则并对所有员工伙伴都一视同仁，从而用这种真诚的方式证明了，所有员工伙伴对公司来说都是同等重要的。

我从萨姆先生身上学到了一条与员工伙伴打交道的文化秘诀，这实际上根本就不是什么大秘密：监督人员和经理在人生中设立了怎样的目标和抱负，员工伙伴也会设立同样的目标和抱负。沃尔玛员工伙伴以及你公司的员工伙伴希望：

- 自己的意见能够被认真对待

- 监督人员要给予他们尊重

- 当圆满完成工作时要予以承认

- 成为胜利团队中的一员

- 在工作中能够被赋予责任和权力

- 得到工作表现积极和工作表现不是非常积极两种反馈

- 拥有一个能倾听他们并采用他们意见的监督人员

- 在公司里能够"循序渐进地学习"

- 供养家人、支付房租以及送孩子上大学

- 能够获得培训和发展机会，从而把现在的工作做好

- 能够为潜在的晋升机会做准备

- 知道他们付出的努力会得到赏识和奖励

    萨姆先生意识到，驱使大家在人生中不断前进的都是一些相似的目标，这正好和他创立公司的战略不谋而合，他把精力集中在帮助他人实现目标上，其实也就是让他人集中精力于帮助自己创立公司上。萨姆先生在很多情况下所做的只是给员工伙伴一个成功的机会，而他们真的取得了成功，随后他总是迅速地对他们予以承认，称他们是沃尔玛在全球取得非凡成功的最重要和最决定性的因素。

    萨姆·沃尔顿在很久以前就领会到，如果你对员工伙伴的某个行为着重强调的话，他们很可能会不断重复这一行为。沃尔玛

员工伙伴和其他公司的员工伙伴都一样，他们都需要对自己的表现获得反馈和鼓励，从而继续保持良好的表现。萨姆先生通过反馈和赞扬的方法一再证明了，他的员工伙伴可以被塑造为工作表现优异的团队成员。

一些公司对待员工伙伴就像在种植蘑菇一样，让他们处在黑暗的地方并用肥料……来喂养它们！在通常情况下，这些员工伙伴经过短暂的适应期后就基本不再有人过问，他们的监督人员也几乎不给什么反馈意见，而在沃尔玛却不是这样，这里的员工伙伴在整个事业生涯中能不断接收到反馈。依据这个逻辑，你的员工伙伴有的表现不好、好、很好或者优秀，他们都需要反馈来保证在以后的工作中能有更积极的表现，也就是说，您要像萨姆·沃尔顿那样着重强调和承认员工伙伴的积极努力和成绩，并消除消极的工作表现和行为。

萨姆·沃尔顿尊敬和敬重员工伙伴，这并不是说允许那些表现不认真的人肆无忌惮，而是说公司对他们还抱有很大的期望。而有些公司遇到有关员工伙伴工作表现和出勤的问题时，监督人员的处理态度总是显得犹豫不决，这是什么原因呢？我认为这是人的天性，没有人天生喜欢对他人说"你们不行"。但是如果你对那些不认真的员工伙伴不闻不问的话，工作优秀的员工伙伴就会遭殃，因此沃尔玛经理总是非常果断地正面处理这些不认真的员工伙伴，那么你也应该这样。

在任何一个员工伙伴群体中，他们都能认识到自己相对于其他人的表现是怎样的，如果你不直接处理那些不良表现的话，就等于亲自给这个群体的士气制造问题，因此你必须向表现优秀的员工伙伴传递这样一个信息，那就是工作认真在这里是非常重要的。你同时也要向不认真的员工伙伴传递相反的信息，那就是表现差是不允许的并且会受到惩罚。对那些工作一直都很认真的员工伙伴，你要着重强调对他们的赞赏；而对于工作不认真的员工伙伴，你则要果断地说出对他们的不满。

　　给员工伙伴的表现提反馈意见能有效地激励他们，这同时也是对他们的一种认可，财富 500 强公司的一名首席执行官曾经说过："如果你想赞扬某人，那么就公开赞扬他；如果你想给他的工作表现提反馈意见，那么就在私下里这么做。"他的意思就是要捕捉到员工伙伴做正确事情的那一刻！对员工伙伴个人或团队的积极表现要公开赞扬，而消除他们的消极行为则要在私下进行，您要像萨姆先生一样做一个乐于发现事实而不是吹毛求疵的人。对于那些稀释整个团队活力的员工伙伴，我们在他们身上耗费了过多的时间、精力和努力，但是却没有在与我们共事、创造团队凝聚力并表现优秀的员工伙伴身上花费过任何时间，因此我认为你应该把更多时间花在占总人数 90% 并表现优秀的员工伙伴身上，对于那些占 10%、表现不认真的员工伙伴，要么改善他们的工作表现，要么就干脆别浪费时间以减少损失。

　　从捕捉员工伙伴做正确事情的那一刻开始，你同时就要不断处理表现不好的员工伙伴，随着时间的不断流逝，你就会希望通过反馈来消除那些不良的工作表现，因为这样很可能会改善他们的工作表现，否则你就不得不让他们离开公司了。对于工作不认真的员工伙伴，你要有步骤地采取措施，并且用更具潜力的员工伙伴来替换他们，这样你就能不断改善整个团队的表现。

如果你拥有工作积极的团队，他们会每天努力工作并尽力帮助你实现公司目标，想象一下这时你的工作会有多大的改善！是的，这是可能和肯定的，这就在你的职责范围之内并且也能够做得到，那么你从现在就开始做吧！承认员工伙伴的积极表现和处理他们的不良表现可以在整个群体中创造平衡状态，并且传达了一切都在正常运行这个信息。你作为领导者有责任创造这种融洽关系，并且在这种环境中实现工作标准会容易得多。简单地说，当你要求员工伙伴达到一定标准时，你就是一个好领导，这就是"萨姆·沃尔顿方式"！

萨姆先生认为，如果你帮助、关心员工伙伴并对他们的努力表示赞赏，那么他们就会来帮助你，至今仍有很多经理和员工伙伴尊敬和爱戴萨姆·沃尔顿。萨姆先生一生都躲避别人对自己的承认和赞赏，但是追随者都信奉他的理念、不断兢兢业业并使沃尔玛成为全球最优秀的零售商，从而帮助他实现了自己的梦想，这其实是在萨姆先生过世后对他领导力的肯定和赞扬。

第六课

为你自己和他人的成就庆祝

　　萨姆·沃尔顿认为应该玩得开心并且庆祝各种重大事情，例如成功实现目标、过生日或生孩子！

　　一位主管在沃尔玛创立初期就开始在公司工作了，他在此之前曾在沃尔玛的竞争对手公司供过职。这位主管参加过由萨姆·沃尔顿主持并颇具创意的新店开张仪式，并且说这是自己看到的最差的开张仪式！那是美国中西部一个异常炎热的夏日，气温超过了华氏 100 度，湿气很大而且还没有风，首先映入你眼帘的是商店门前挤满驴的牲口栏。萨姆先生为新店开张做过这样的广告，如果来商店购物就可以免费骑驴，这主要是为了吸引有小孩的家庭来购物。而在挤满驴的栅栏旁则摆着一大堆西瓜，其数量之多可能是你从来都不曾看到的。这些西瓜直接摆放在沥青停车场上，当太阳升起越来越热的时候，沥青变得发烫甚至都可以炒鸡蛋了！随着气温的升高，沥青地上的西瓜开始发烫并爆裂，结果西瓜汁流遍了整个停车场，想象一下这样一幅画面：一边是人们在忙着骑驴，而另一边则是流得满地的西瓜汁。那些家庭不得不艰难地穿过那些黏稠物，并且用鞋底把这些黏稠物也带到了商店，这使商店的地板脏成一团并有一股可怕的味道，这就是那个主管最糟糕的一次新店开张经历。

　　有关萨姆·沃尔顿的这个故事已经成为了公司的经典，这反映了萨姆先生卑微的出身，也有力证明了他非常乐于使自己的公司与众不同，并且乐于为员工伙伴和顾客创造快乐的氛围。我们从这个例子中也看到了萨姆先生取得卓越成就的第五条成功法则，即"为你自己和他人的成就**庆祝**"，他认为公司领导和员工伙伴不应该太严肃了，而做到这一点的方法之一就是有幽默感并试着尽兴地玩。萨姆先生希望自己的商店总能给顾客带来愉快的购物体验，因此就鼓励自己的管理团队要放松和热情，以便周围的员工伙伴也跟着这么做。在沃尔玛创建初期，萨姆·沃尔顿的竞争对手并没有拿他当回事儿，我想原因就是他那出了名的噱头和古怪的搞笑行为。

　　萨姆先生认为应该做些搞笑和兴奋的事情来打破无聊状态，这也是他创立著名的沃尔玛口号的原因之一。在韩国并去往一家网球制造厂的路途中，萨姆先生突然有了创立公司口号的想法，口号是这样的："给我一个字母 W！给我一个字母 A！给我一个字母 L！给我一条横线！给我一个字母 M！给我一个字母 A！给我一个字母 R！给我一个字母 T！这能组合成什么字？沃尔玛（英文名字是 Wal－Mart）！沃尔玛是谁的？沃尔玛是我的！谁是最重要的？顾客……永远都是最重要的！"当萨姆·沃尔顿探访自己的商店或配送中心时，他总会热情地带领大家一起喊沃尔玛口号，并且认为这个口号可以把沃尔玛团队成员和其他人区别开来。

　　由于沃尔玛商店一年 365 天中每天营业 24 个小时，因此配送中心和商店的经理在一天三班交换时都要带领大家喊口号。为了使员工伙伴能看到所有顾客，经理通常在商店前部的收银台旁召开会议，于是就在那里喊沃尔玛口号，这样每个人都能看见和听见。一个商店经理告诉我："有些顾客走进商店时总是皱着眉头，但是看到我们喊口号时就开始大笑，然后会走过来和我们一起喊口号。"我第一次喊口号时就被员工伙伴的疯狂热情所震撼，所以很难想象顾客看到这种情景时是怎样的感受！

沃尔玛经理和计时工资工人都对公司有着极大的热情、忠诚以及彻底的疯狂，因此外界批评沃尔玛搞狂热崇拜。《韦伯字典》对狂热崇拜的释义是"对某人、某个想法或某件东西的极大热情"，如果你使用这条释义的话，那么萨姆先生的员工伙伴确实是他的忠实信徒，因为他们对萨姆先生每天为顾客提供廉价商品和优质服务的想法有着极大的热情。而我们也可以这样看待沃尔玛文化，这是一种永不停息的奉献和以顾客为中心。萨姆先生以献身精神对待顾客，而他深爱的员工伙伴团队也对顾客拥有献身精神，如果商业大环境中的狂热崇拜就是动力十足的员工伙伴为满足顾客需要而积极工作的话，那么你们想把这称做什么都无所谓。我认为沃尔玛真正的狂热崇拜在于 1.3 亿顾客因廉价商品的诱惑而神情恍惚，每周都朝圣似的去沃尔玛购物，并且在购物车里塞满货真价实的廉价商品！使顾客产生极大热情的就是他们选择的折扣店——沃尔玛。

沃尔玛员工伙伴具有主人翁精神并热心服务顾客，原因就在于他们自己是公司的主人。公司很多员工伙伴都通过员工伙伴股票购买计划来购买股票，包括卡车司机、配送中心以及商店员工伙伴在内的许多人都因此成了百万富翁。萨姆先生从一开始就与员工伙伴建立了合作伙伴关系，这就是他们忠诚的原因所在，这种忠诚不仅仅是因为他们通过公司股票和利润共享赚了很多钱，因为我们都听说过那种有关富翁悲惨生活的故事。萨姆先生一心一意地对待员工伙伴团队并非常关心他们，而他们反过来又非常爱戴和尊敬他这个领导。萨姆先生对待员工伙伴的方式使他们至今都仍然惦念他，正是他对员工伙伴的忠诚以及对待他们的方式使员工伙伴反过来也对他极为忠诚。

萨姆·沃尔顿有时像讲道者比利·格雷厄姆，有时像马戏团指挥菲尼斯泰勒·巴纳姆，有时像喜剧演员鲍勃·霍普，他是个拥有超凡魅力的领导者，有幽默感并且喜欢布道，只要一有机会就向追随者宣扬自己的理论。在召开股东大会和周六晨会时，萨姆先生非常喜欢像马戏团指挥那样站在讲台中央，然后兜售商品并给忠实的追随者发布指示。你永远都不会清楚萨姆先生下一句话会讲什么，但是你知道他所说的永远都鼓舞人心并且充满幽默，这些幽默故事大多是针对他自己的，也可能是高层主管队伍中的某个人。

萨姆先生的布道、戏剧式表演以及把零售制造成马戏团般的百变氛围都是为了冲击员工伙伴制度和顾客制度，这样他就能和员工伙伴建立强大的情感联系，曾经有人把这称为"创造了一个重大的情感事件"。这种情感联系一旦建立起来之后，无论公司向员工伙伴发出什么指示，他们都会更加记忆犹新。沃尔玛总能给顾客提供意想不到的收获以及愉快和难忘的气氛，因此顾客都想接连不断地来沃尔玛感受这种氛围。萨姆先生的员工伙伴也是这样，他们对萨姆先生极为忠诚，有些人为了留在沃尔玛以及萨姆先生身边而放弃了其他机会。员工伙伴非常爱戴和尊敬萨姆先生，经常索要他的亲笔签名或合影留念！

萨姆先生用以上方式对待员工伙伴，我认为其中部分原因在于大多数成功的企业家所面临的现实问题。随着公司不断发展壮大，公司领导要想抓住员工伙伴的注意力也变得越来越难，哈里·杜鲁门曾引用德怀特·艾森豪威尔的一句话，这句话非常精确地描述了领导者面临的挑战："可怜的艾克呀，他担任将军时发布的指令会被执行，现在他马上就要坐在总统宝座上发布命令了，但是将没有人会听他的。"杜鲁门想要表达的意思是公司和军队的情况不一样，公司经理和员工伙伴不会或可以不用按照命令办事。当公司规模不断扩大时，萨姆·沃尔顿也面临同样的挑战，他认为如果自己尊敬员工伙伴、向他们寻求帮助、倾听他们关心的事情，同时还让他们参与公司任务、目标和战略的制定，则员工伙伴便极有可能执行他的指令，他同时也意识到，如果员工伙伴在工作中开心的话，他们工作起来会更容易一些。我认为萨姆·沃尔顿非凡领导魅力的一部分在于他本身，当沃尔玛不断壮大的时候，他的领导风格对公司成功起了关键作用，你很可能会说他是在合适时间以及合适地点出现的合适的人。

公司鼓励和期望经理不断找出能打破无聊状态并使工作快乐的方法，很清楚的一点就是，总会有一种能解决他们疯狂举动的方法。快乐和积极的员工伙伴能够让顾客快乐，快乐的顾客则乐于购买更多的商品并再次来购物，这种情况的反面也是成立的，消极、怀有敌意或态度不好的员工伙伴会对顾客造成消极影响并永远把顾客赶跑了。萨姆·沃尔顿意识到，成功的关键就是让顾客一次接一次地来商店购物，他知道顾客有很多选择，可以选择到任意一家商店购物，因此萨姆先生期望经理能尽力使沃尔玛成为最友善的商店，这个目标的实现可以使顾客每周购物时把沃尔玛作为首选。

你应该知道自己曾和这样的公司打过交道，它的员工伙伴在工作中很不开心，这会在他们对待顾客的方式上体现出来。以我为例，如果一个公司不喜欢我去它那里购物，我是决不会浪费自己金钱的，我打赌你也会这样，这就是萨姆·沃尔顿努力为顾客创造友好、快乐以及受欢迎气氛的原因，然而他知道这种积极的氛围是快乐的员工伙伴所带来的。以下是一个沃尔玛商店经理的话，他描述了自己如何庆祝员工伙伴的成功以及如何为顾客创造积极的购物氛围：

要快乐，当你设立和实现目标时要召开聚会庆祝一下！要像棒球队和足球队那样来鼓励你的员工伙伴，他们希望被鼓励并听见你说"做得不错，谢谢"。我应该每晚都对自己的管理团队说"谢谢"以及"今天干得不错"，我认为这非常重要。很重要的一点就是，当我看到管理团队在积极工作和教导员工伙伴时，我应该说自己已经注意到了这些举动，作为一个领导者，你必须鼓励员工伙伴并鼓励他们做到最好。如果员工伙伴为顾客提供了优质服务，我们会给予他们奖励；如果员工伙伴得到了顾客的称赞，我们会给他们颁发模范别针；如果顾客认为某个员工伙伴的服务好，我们也会给他/她奖励；区域经理甚至给员工伙伴和经理颁发胸针，用以表彰他们在顾客服务方面的贡献，我们认为应该感激员工伙伴所做的一切。

沃尔玛的激励措施旨在改善员工伙伴的行为方式并使他们注重自己的言行，这种方法可以达到销售和服务目标并且还很奏效。很多顾客每周都来沃尔玛商店购物，他们大多数都是一再来购物的回头客。很多顾客从很远的地方开车过来，他们沿途经过了其他商店却没有停下来，原因就在于想把自己的辛苦钱花在价格最低并且服务最优的商店里。沃尔玛优质服务和低廉价格的"强强联合"在与同行的竞争中发挥了巨大作用，同时也使顾客对它极为忠诚，这使公司一路登上了《财富500强》名单的首位，成为了目前全球规模最大最成功的公司，并且还在不断地发展壮大中。

尽管这些庆祝成功的措施在别人看来可能非常做作，但沃尔玛员工伙伴却非常欣赏和感激公司领导的辛苦努力，因为他们在努力打破这种无聊状态，并且期望把每天的工作都变成非常愉快的经历。沃尔玛通过庆祝成功来激励员工伙伴，而且这背后还存在一些说法，萨姆·沃尔顿真诚的庆祝也取得了良好的效果，我在下文会对这些方面作详细阐述。

我不知道你是否听过这个故事，一个沃尔玛经理问了员工伙伴一个问题，"无知和冷漠之间的区别是什么？"那个员工伙伴回答："我不知道也不在乎！"这个故事有很好的导向作用，可以让我们逐步了解沃尔玛是如何通过激励员工伙伴来实现公司目标的。无知的定义是不知道，而冷漠的定义是不关心，如果经理没有和员工伙伴沟通交流的话，他们会因为不了解公司当前状况而感到被忽视了。由于经理没有把这种沟通放在心上而使员工伙伴感受了冷漠，无论经理是有意还是无意，这都使员工伙伴陷入了一个"黑暗的帐幕"中，使人充满了压力并失去了动力，结果就是员工伙伴会频繁跳槽、服务质量变差以及销售额下降。

公司领导能真正激励员工伙伴吗？正确答案就是真正的动力源于员工伙伴个人。公司领导必须创造积极的氛围或环境，这样可以使员工伙伴实现自我激励，这时连普通人都会取得非凡的成绩。不幸的是，能力不强的领导会带来使人失去动力的氛围或环境，从而使员工伙伴士气低落以及生产力下降。

沃尔玛和其他公司一样也存在一些消极方面，经分析是管理人员领导不善带来的后果。以我的亲身经历来看，当公司或工作团队出现士气低落和态度不端正的系统性问题时，我几乎总能正确地把它归因为能力不强的领导者，除非该公司在与员工伙伴沟通方面做出积极改善，否则这种士气低落的状态是不会改变的。一些公司可能认为员工伙伴本人应该做出改变，它们坚持要"严厉批评员工伙伴直到士气有所上升"，这种看待员工伙伴动力的方法是错误的。就我的亲身经历而言，我从来都没发现某个团队都是坏员工伙伴，而通常是管理人员的领导不力导致了整个团队的士气低落。积极文化的创建是自上而下的，只有当领导人员真心实意关心员工伙伴时才能使它成为现实，这也是萨姆·沃尔顿与员工伙伴打交道时获得巨大成功的原因。

萨姆先生会这样告诉你，在一个与员工伙伴创立积极工作关系的管理工具箱里，其中最重要的工具就是积极的认可，这正是沃尔玛和萨姆·沃尔顿庆祝成功的原因所在。然而每个员工伙伴所想或所期望的认可有很大不同，其中一些认为私下认可的方式更好，而其他人会因为受到公开表扬而表现得更出色，你必须了解自己的员工伙伴以及他们对个人认可的反应。

解雇员工伙伴在古时候就是一种激励，那时候的薪水被用做武器，它代表的暗示就是"要么你就做这份工作，要么你就干别的"，那些老前辈经常说的话就是"要么就按照我的方式做，要么就什么也别做"。而现在的员工伙伴则非常潇洒，他们不会去忍受这种待遇，现在大量的公司都在相互竞争，大家都想把有才华的员工伙伴收为己用，如果你也想拥有一部分人才的话，那就必须给他们一个为你工作的理由。

　　萨姆先生认为，你从一开始就要帮助员工伙伴发现工作的意义和目的，帮助他们了解公司、工作以及职业道路有益于开创更广阔的视野，最终发现自己的工作和其他团队成员的工作是紧密相连的，并且在这一过程中看到自身努力带来的最终结果。

　　萨姆先生认为，每个员工伙伴都真正的想在岗位上表现出色，都想与众不同、表现出众并发挥重要作用。机会就在你的面前，你现在就可以"不需掩饰、大大方方"地赞扬员工伙伴，并由此改善他们个人和整个团队的工作表现。赞扬员工伙伴和提高效率之间存在直接联系，因为自我感觉良好的人会有好的工作状态，并且在提高工作效率方面会更有动力。一个沃尔玛商店经理曾经和萨姆·沃尔顿共事过，他讲述了自己如何赞扬员工伙伴，以及这对商店的经营业绩能产生多大的直接影响：

　　　　你可以在商店外面给每个当班的员工伙伴烹制食物，这所带来的巨大成功就像制作了非常详细并完备的存货清单一样，在午夜给第三班的员工伙伴烤牛排是有点滑稽的，但是他们和其他班的员工伙伴同样重要。你可以在晨会上赞扬个别员工伙伴，也可以邀请他们吃午餐，这当然也包括第三班的员工伙伴在内。你可以就员工伙伴的巨大成就赞扬他们，也可以因为一些小成绩表扬他们，这在多数情况下都依赖于你对员工伙伴的了解程度以及什么能激励他们。一些员工伙伴受到公开表扬时会觉得尴尬和不舒服，但是如果商店经理和区域经理一起找该员工伙伴单独谈话的话，这也许就是世上最好的赞美了。我们在沃尔玛商店会每月都给过生日的员工伙伴送生日蛋糕，货物批量生产中的佼佼者在每月的商店会议中会受到赞扬，他们的照片也会被悬挂在墙上用以表彰，并且还会标明他们的销售额和利润额。员工伙伴的销售和利润数字会在每月都张贴在考勤钟的旁边，这样他们在打卡时就能看见自己和他人的销售情况。

沃尔玛通过多种方式来表达对员工伙伴的感激之情，最初是帮助新员工伙伴完全熟悉和适应环境，后来就是给他们提供培训。有些培训由资历较深的员工伙伴来主持，他们也是那些新员工伙伴的良师益友。对于工作优秀的员工伙伴而言，公司的奖励方式是赋予新的职责以及提供更富挑战的工作。员工伙伴都要接受轮岗培训，这其中甚至还包含晋升机会。

沃尔玛教导管理人员要赞扬表现优异的员工伙伴，而萨姆先生希望管理人员能对员工伙伴所做的一切都给予赞扬，因为沃尔玛文化就是每天捕捉到员工伙伴做正确事情的那一瞬间并予以赞扬，他认为赞扬的方式不但历史悠久也很奏效。萨姆先生认为有一种方式最能表达对员工伙伴的感激之情，那就是倾听并对他们关心的问题做出积极的回应。他明白询问员工伙伴的意见也有很大价值，因此和员工伙伴交谈时总是从他们的兴趣出发，例如谈论他们的家庭、爱好或感兴趣的事情。众所周知，萨姆·沃尔顿还亲自写信来感谢员工伙伴和顾客。

一个沃尔玛前任商店经理向我讲述了一个有关萨姆先生的故事：

我以前见过萨姆·沃尔顿很多次，并且至今还保留着他写给我的两封亲笔信，一定别忘了他是全美国最富有的人，他原本可以口述信笺再让秘书盖章的。萨姆先生一旦见过你之后就会永远记得你，他走过来和我握手，并且说不是出于公司危机的情况下和我谈话是很愉快的，他记得员工伙伴的事情——这简直令人无法相信。萨姆先生经常探访各个商店，通常需要一年或一年半才能完成和所有员工伙伴的交谈，这在公司规模小的时候很容易实现。萨姆先生曾对一个女性员工伙伴说："我上次在这儿的时候你丈夫生病住院，他现在好了吗？"他究竟如何记住所有人的？萨姆先生气度非凡，会和每个计时工资工人攀谈，而不在乎他们的地位、职位以及薪金，他根本就不在乎这些。公司失去了萨姆·沃尔顿就等于失去了一个非常特别的人。

萨姆先生这种人非常罕见，总是能自如地跟陌生人打交道。萨姆先生认为，在和别人打交道时应具备最基本的礼仪，因为他自己在交谈时总是用名字称呼对方，并且还用"请"、"谢谢"等敬语。一些事情在别人看来是很简单的，如进行目光接触以及在走廊里说"早上好"，但是萨姆先生却认为这些事情非常重要，一个沃尔玛商店经理这样描述他："他以人为本，纯粹就是顶尖的'与人打交道的人'。如果你从来都没有遇见过他，那么他走进商店的那刻就会让你感觉已经认识他很久了。"有些人在第一次遇见萨姆先生时可能感到很紧张，因此萨姆先生通常都主动攀谈以打破这种沉默。

下面教您一些沃尔玛经常用来赞扬员工伙伴的小技巧，这些技巧往往能取得极大的成效，同时要把握好时间，这样在员工伙伴做出了期望的行为之后，你就可以立即对他们进行赞扬。当你公开赞扬某个或某些员工伙伴时，会有助于建立其他员工伙伴也效仿的行为标准，其中关键的一点是要真诚，否则就失去了原本的激励价值。称赞别人不需要花钱，真诚赞扬别人的次数也没有限制，并且任何领导都可以称赞别人，一旦赞扬这种方法产生了更好的效果之后，经理会基于它显现出来的价值而不断使用。沃尔玛和你所在单位的领导都要使用赞扬这种激励方式，因为这首先能赢得他们的信任和尊敬，而在这时真诚的赞扬才会起作用。

一个沃尔玛商店经理把庆祝成功的活动列入每周的管理日程中，他对我说："我们每周五都召开员工伙伴会议，并在会议上庆祝他们的生日。对于超过前一年销售业绩的部门，我们也会给予奖励或颁发胸针来奖励他们的辉煌业绩。"这个例子告诉我们，把庆祝活动列入日常工作是非常好的想法，这样就可以经常有庆祝了，最理想的就是全年都能看到赞扬的情况发生。

沃尔玛培训经理把顾客来信张贴在公告牌上，这样大家都能够看得到，每天的例行员工伙伴会议还会把这些信笺再回顾一下，同时还会公开赞扬那些表现一流的员工伙伴或整个部门。

无论在什么单位工作，你每天都有很多机会来捕捉员工伙伴做正确事情的那一刻，以下这张列表虽然不是面面俱到，但也能为有效庆祝或赞扬员工个人或工作团队提供简单的思路：

- 出席午餐会
- 生日庆祝
- 老员工伙伴奖
- 证书/勋章/别针
- 同级别人员的称赞
- 建议箱
- 写给员工伙伴家属的信

- 生产效率改善奖
- 顾客对员工伙伴的赞扬
- 月度员工伙伴
- 销售/服务/节省费用奖
- 吃家常饭或油炸圈饼的时候
- 公司野餐
- 在比萨聚会上赞扬他人的成绩

这些都是有关非物质奖励的一些想法，你只需一点努力就可以把它们变成自己公司或工作团队的行动计划。沃尔玛不追求完美，你也应该这样，当你真诚赞扬他人时一定记得别"板着脸"！如果你目前对庆祝活动没有详细的计划，那么就最好简单行事。不要试图把各种繁杂和混乱的活动同时进行，先实施一种赞扬活动，在效果显现出来之后再实施另外一种，那么你的日程表最终会排满整整一年的赞扬活动。

你在工作中的付出会带来非常大的益处：先前漫不经心的员工伙伴会变得积极负责，你的工作表现甚至还会取得新的高峰，而这在过去似乎都是不可能实现的。你要问自己一些关键的问题：

- 你在工作团队中是否庆祝周年纪念和生日？
- 当员工伙伴实现业绩目标时，你会举行庆祝活动吗？
- 当员工伙伴工作表现优秀时，你会向他们表示感谢吗？
- 你会定期检查员工伙伴的工作表现吗？
- 你会庆祝员工伙伴在销售、服务以及安全方面的成功吗？
- 员工伙伴会因为高出勤率而受到表扬吗？
- 对于员工个人或团队取得的成绩，你会举行庆祝活动吗？

你对这些问题的答案是什么？你已经在为员工伙伴举行庆祝活动了还是需要从现在开始呢？我向大家提出一个挑战，你可以在工作单位里实施以上一种或几种简单的庆祝活动，就从现在开始吧！我认为你会发现它很奏效，这你丝毫都不用怀疑。萨姆·沃尔顿学到了一条重要的经验——如果某个行为受到了奖励，那么这种行为很可能会一再重复——你也应该知道这一点，非物质奖励或奖赏会对士气、工作效率、安全、服务、出勤以及团队合作产生巨大的积极作用。

如果你想让大家对实现公司目标产生兴趣，那么就用针对员工个人或团队的竞赛来挑战你的员工伙伴吧，因为没有比这更好的方法了。对于那些优秀的工作业绩，你的奖励可以简单到奖励证书或免费午餐。萨姆·沃尔顿实际上非常喜欢非物质形式的赞扬，因为它会产生很大作用并且还不需任何花费，因此他希望经理能设置一些竞赛，从而在各个商店制造竞争气氛。把竞赛目标张贴在公告牌上并每天更新最新的结果，这样有助于员工伙伴为实现期望的目标而集中精力并保持热情。如果公开赞扬那些达到目标的员工伙伴，就向团队的其他人表明了工作业绩是非常重要的。

一个沃尔玛商店经理曾多次见过萨姆·沃尔顿，他利用萨姆先生的想法在商店设置竞赛并举行庆祝活动，以下就是他的一番话：

我在沃尔玛工作了 27 年，曾经因为输掉竞赛而把一张馅饼贴在脸上；曾经和员工伙伴交换过工作岗位；曾经穿着小丑服装站在商店门口欢迎顾客，有时可能会站上两三个小时。担任经理助理时我曾向另一个经理助理提出了竞赛挑战，输的人必须穿上小丑服装站一整天。我看到过管理人员为实现目标而努力奋斗；我曾因为员工伙伴实现了目标而请他们所有人去吃午饭；我们给那些受到顾客表扬的员工伙伴颁发服务奖励和模范别针；顾客可以自主挑选，把奖励给予他/她认为优秀的员工伙伴。我们认为应该对员工伙伴所做的一切表示感激，并要庆祝他们取得的成功。

萨姆先生以身作则并亲自创立了令人疯狂的竞赛。早在 20 世纪 80 年代的时候，萨姆先生许诺如果公司当年的税前利润达到 8% 或以上，他就穿着草裙在华尔街上跳草裙舞，员工伙伴按照协议履行自己的义务，而萨姆先生则履行草裙舞的许诺。他穿上草裙并按照事先的承诺在华尔街上跳草裙舞，一起表演的有真正的草裙舞演员、尤克里里琴手以及新闻舆论记者，这个故事被传为公司的一段佳话，它表明了沃尔玛领导会不惜代价庆祝公司实现目标，从而为大家创造刺激和快乐的气氛。

萨姆·沃尔顿是全球最成功公司的首席执行官，既然他认为应该通过竞赛、庆祝和赞扬来推动企业进步，那么这样做显然会有很大的益处。我可以向你保证，庆祝活动和沃尔玛所做的其他事情一样都能产生非常切实的影响，这在文化方面有助于提升士气、减少压力、加强培训、统一标准、降低人员更替、强化团队合作以及提高效率。综合运用井然有序的竞赛、规划有致的庆祝以及目标性强的赞扬活动就像提供了瑞士军刀系列的工具，从而使沃尔玛管理人员可以用它来改善和强化自己的企业。

萨姆先生如何通过竞赛、庆祝以及赞扬来推动公司进步呢？

他的方法就是把目标自始至终都铭记在心里。如果员工伙伴在顾客服务方面存在问题，萨姆先生为了获得改善就会开展有关方面的竞赛；如果他想使员工伙伴拥有更好的销售技能，便会围绕建立最优秀的销售展示活动开展竞赛；如果当前关注的问题是降低花费，他便会举行相关竞赛来查看哪些部门可以实现或降低花费预算。萨姆先生通过让员工伙伴参与活动来改善某个领域的业务状况，从而把自己的标准教授给员工伙伴，他不是教导他们应该怎么做或声色俱厉地对待他们，而是通过设计行动使学习和实现目标成为了有趣的经历。

　　萨姆·沃尔顿获得公司文化胜利的另一个秘诀是庆祝成功，他在多年前就领会到了能让所有员工伙伴都集中精力于同一活动的方法，并且是通过沃尔玛方式做到这一点的。萨姆先生创造的公司文化是黏合剂，至今还依然把各个沃尔玛商店和配送中心紧紧连接在一起，他通过竞赛、庆祝以及赞扬来动员员工伙伴改善公司的各方面，这使沃尔玛在市场上颇具竞争优势。萨姆先生总是说，我的同行可以复制我的商店、我的产品以及我的销售模式，但是唯一不能复制的是优秀的沃尔玛文化！

第七课

倾听他人的意见
并从别人的观点中获得新知

　　萨姆先生认为应该倾听员工伙伴的想法，因为他们距离顾客最近，比任何人都更了解顾客的真正希望和需要。

　　萨姆·沃尔顿承认，他为沃尔玛所做的最重要的事情就是探访自己的商店。与在总公司召开会议相比，他更愿意走出来和员工伙伴一起做零售等实质性的工作。萨姆先生深切体会到了一点，那就是他的探访可以使自己对商店有所帮助，在需要的情况下他还会帮着解决问题，因此他喜欢与员工伙伴交谈并倾听他们的想法。有一次需要萨姆先生主持一个小组讨论，这是面向美国各个大学进行卫星直播的节目，我想在开播前几周给他安排具体日程，但是却没有得到明确的答复，因为他说自己可能会在最后一刻跳上飞机去探访商店，这表明了他对探望商店员工伙伴有极大的热情，事实上他在商业经营中最喜欢的事情莫过于此了。萨姆先生外出去商店时会给自己定一个非常具体的任务，即得到同行商店的第一手竞争资料、与顾客交谈并从中学习，其中最重要的就是花时间和员工伙伴交谈。

　　萨姆先生获得非凡成就的第七个成功秘诀就是"**倾听**他人的意见并从别人的观点中获得新知"，他认为如果公司领导肯花时间请教员工伙伴的话，他们会非常愿意分享自己的好想法，并且认为诀窍就在于如何让员工伙伴开口说话，而萨姆先生自己是这样做的：在商店里漫步、询问员工伙伴问题以及积极倾听他们的回答。萨姆先生切实认为，只有最近距离接触顾客的员工伙伴才真正了解顾客的所想以及对商店的看法，如果要他给具体建议的话，那就是让距离顾客最近的员工伙伴说出自己的想法，并且使用这些信息来改善你的企业。

　　萨姆先生授权员工伙伴为顾客服务，因为他认为沃尔玛最重要的雇员就是和顾客直接接触的员工伙伴。公司的员工伙伴是萨姆先生的商业伙伴，他把工作职责和权力赋予他们，然后询问他们的优秀想法并让他们改善公司。萨姆先生认为公司领导应该为那些与自己共事的人服务，如果想与员工伙伴建立某种持久关系的话，就必须成为与他们沟通以及倾听他们想法的大师。你在自己的公司也可以使用同样的倾听模式：倾听你的经理、员工伙伴以及顾客的想法，然后把他们的想法收集起来并予以实施，就是这么简单！

　　当你看到这样的画面时就会知道与员工伙伴的双向交流对萨姆先生是多么重要：萨姆·沃尔顿用一个膝盖的力量保持着身体平衡，而员工伙伴则围绕他坐成了一个圆圈。他在探访每个商店时都会重复同样的动作，有时把员工伙伴聚集在商店前部，有时则在休息室里，有时则当着所有顾客的面召开即席会议。萨姆先生谈话并且倾听他人谈话，从而让员工伙伴知道他是多么感激他们的努力和成绩。萨姆先生对员工伙伴的真切关注非常具有传奇色彩，以下就是一位沃尔玛早期商店经理的一些感悟：

　　　　在探访商店时，萨姆先生不是去探望商店经理而是
　　　和部门经理以及员工伙伴攀谈。沃尔玛部门经理都是计

时工资员工伙伴，萨姆先生最先和他们交谈，把他们聚集到休息室、坐在地板上或围绕销售区域站着，然后以极大的兴趣进行交谈和倾听商店的最新进展，因为他想知道这些部门经理的想法以及正常运转和出差错的都是哪些地方。萨姆先生有着非凡的号召力，所以员工伙伴会把自己知道的一切都告诉他。可能是由于曾在军队情报部门担任过上校的缘故，萨姆先生的记忆力很好，他一旦见过你就决不会忘记你，甚至还记得有关你家人的某次具体谈话，原因就在于他的军人背景和良好的记忆力，尤其是对人和地点的记忆力。

萨姆·沃尔顿认为一个组织的成功，如工作团队、部门、加工厂、商店、配送中心或公司，需要从两方面着手，一是尊重员工伙伴，一是维持积极的员工伙伴关系。他坚信自己的这一想法，因此和沃尔玛主管人员、管理人员以及监督人员谈话时就常常郑重地说："如果你关心员工伙伴，员工伙伴就会关心顾客，而你的公司就会关心自己而用不着别人关心了。"萨姆先生明显地意识到，仅凭他自己个人的努力是无法完成倾听员工伙伴和满足他们需要这一艰巨任务的，因此他以身作则并向整个领导团队展示了一些具体的技巧，从而使他们通过这些技巧来了解员工伙伴的需要，同时还教导了关心员工伙伴的各种方法。通过使用这些相同的技巧，数以千计的员工伙伴对萨姆·沃尔顿产生了不朽的忠诚，并且他们在团队合作中也充满了热情。

沃尔玛商店的每个部门经理和员工伙伴都在为实现公司目标而通力合作，这种合作在部门内部和部门之间都同样存在，他们所有人都在积极合作并为实现公司目标而奋斗。与个人的成功相比，萨姆·沃尔顿更注重团队的成功，因此那种仅仅追求赞扬、以自我为中心并且自负的人在这个全球最大的零售商那里不会取得优异的表现。

沃尔玛只有一个议事日程，这就是公司的议事日程，部门或职能部门的议事日程都不重要或根本就不存在！部门的每个人都竭尽全力彼此帮助，这在沃尔玛被称为内部顾客服务。我在那里工作时就深切体会到了人与人之间以及部门与部门之间的团队精神和合作，这让我想起了三个（法国 17 和 18 世纪的）王室保镖所喊的战斗口号："人人为我，我为人人！"

员工伙伴非常忠诚并且沃尔玛的协作和团队合作程度也很高，萨姆·沃尔顿是如何做到这一切的？这个问题的答案始于沃尔玛高层主管人员，他们信奉被称为"公仆式领导"的领导理论。"公仆式领导"在公司背景下的定义是这样的：公司领导把向自己汇报工作的员工伙伴的需要摆在第一位，也就是说对于向自己汇报工作的员工伙伴而言，领导人员应该首先满足他们的需要并获得他们的尊重和信任，这样公仆式的领导才能获得领导整个团队的权力。沃尔玛有这样一种惯例，如果经理没有用实际行动证明自己非常愿意从事某项工作的话，他绝对不会要求员工伙伴来干这项工作。在沃尔玛，萨姆·沃尔顿的"公仆式领导"会积极倾听员工伙伴的想法并积极回应他们的所需。萨姆先生要求领导人员真诚地采取"公仆式领导"，以此教导他们来激励员工伙伴个人和团队，并且发现这是一种非常有效的激励措施。

萨姆先生认为应该以身作则，领导者本人首先就应该是公仆式的领导，他对真正公仆式领导的定义是这样的：首先为那些向自己汇报工作的人服务，然后当员工伙伴开始尊重他们的监督人员时，他们就可以选择性地听从监督人员的指示。在没有证明自己非常乐于从事某项工作之前，萨姆先生绝不会要求其他人来干这项工作，从而通过这种方法建立起非常积极的员工伙伴关系。萨姆先生认为应该通过帮助的方式来首先满足员工伙伴的需要，这个"公仆式领导"的品牌战略是发自于内心的，领导人员要么真诚地关心员工伙伴要么就什么都不要做，而真正关心他们的最终结果是高昂的斗志、同事间的友情以及工作中充满动力。不真诚的关心和半途而废的关心会被视为一类，因为这都会使员工伙伴的斗志或工作表现不断下降。要成为真正的公仆式领导者，沃尔玛方式就要求该领导者全身心地融入工作，并且倾听员工伙伴关心的事情以及他们的想法。公仆式领导给沃尔玛带来的益处就是产生了团队协作，团队协作一旦出现之后，动力十足的员工伙伴团队所产生的合力就会超过单个员工伙伴实际付出努力的总和。

萨姆·沃尔顿认为，员工伙伴并不在乎经理或监督人员对自己了解多少，他们真正在乎的是经理或监督人员到底对自己有多关心。通过采取关心员工伙伴的方式，经理和监督人员与员工伙伴间建立了信任和关爱的关系，久而久之就发展成了合作和团队协作。在沃尔玛，如果一个公仆式领导者拥有工作积极和充满动力的员工伙伴团队，那就意味着他有能力实现甚至超越公司目标。

"公仆式领导"至今还在沃尔玛发挥着实效和积极影响。我曾请教过一位商店经理，询问公司如何把经理培训成公仆式领导者，我得到的答案是这样的：这不单单是培训过程而是学习过程，公司文化要求领导人员必须关心员工伙伴，而且还必须是足够的关心。在沃尔玛，如果领导者没有与员工伙伴和睦相处并创造团队协作的话，那么他会在最短时间内遭受失败，因为动力十足的员工伙伴是实现公司高难度目标的关键，没有了他们的支持是注定要失败的。

沃尔玛如何激励员工伙伴来实现宏伟的团队协作目标呢？方法就是要把员工伙伴的情感需求放在首位。公司一开始就会雇用那些脚踏实地的经理，而我所见过的经理都非常谦逊并且以人为本，他们很显然都乐意与员工伙伴合作并与他们为伴，这种关爱清楚无疑，员工伙伴都能感受到这种真诚。领导人员倾听员工伙伴，对他们关心的问题做出回应，采纳他们的想法并且每天召开例会向他们传达最新信息。萨姆·沃尔顿的理论有巨大的影响，能亲眼看见和亲身体验这种影响的有沃尔玛和萨姆俱乐部的商店经理、配送中心经理以及运输车队经理，其中一个商店经理向我讲述了他的看法：

> 萨姆先生的友善非常真实，和计时工资员工伙伴、卖主或生产商打交道时都能达到双赢，他认为要成功就必须坚信这一理论。萨姆先生很早就明白，在成功的阶梯上越爬越高时，如果你是以压制和牺牲员工伙伴为代价的话，那么你的最终结局只有失败，因此很重要的一点就是，你要和员工伙伴分享成功。

萨姆先生拥有各种战略和技能，其目的就是使员工伙伴保持忠诚以及优异的表现，他激励员工伙伴团队的宏大设想就源于此。萨姆先生的激励方法包括公司交流计划、积极的员工伙伴关系、注重具体岗位技能的培训计划以及培养最重要的人际技能，他的目标就是要创造一个开放、合作、团队协作以及激励的环境。在"公仆式领导"这一理论的基础上，萨姆先生教导了管理层追随者很重要的一点，那就是要拥有和使用超强的人际技巧来创造积极的工作环境，而激励战略的最终目标是解决工作效率这个难题中的重要内容，即团队协作。

下面我就谈一下为什么与员工伙伴交流以及倾听他们的想法具有如此重要的地位。每个沃尔玛店或配送中心的经营都类似独立的公司，经理负责四面墙以内的所有事情，员工伙伴仅仅了解所在商店或配送中心的最新进展，而对公司的其他事情都一无所知。建立团队协作的文化基础包括新员工伙伴适应、培训、公司会议、业务通讯、公告牌、同级员工伙伴交流、与经理的互动、公司仪式、民间传说、公司政策以及程序，而单一的任意一种都无法代表萨姆·沃尔顿或沃尔玛方式。公司致力于把一切都简单化，并在经理和员工伙伴之间编织了一个复杂的文化网，从而把沃尔玛文化变成了令竞争对手困惑的坚固堡垒，萨姆先生总是说："同行竞争者能看到沃尔玛所做的一切，他们可以仔细观察和复制，但是唯一不能复制的就是独特的沃尔玛文化。"

萨姆先生认为每个人都能从他人身上学到东西。我以前看过他和不相识的人打招呼的情景，这个世界首富总是问一些开放式的问题，然后静静地倾听他们成功的关键，他在大多数时候会做笔记以便日后参考和应用，并且和员工伙伴、供应商或顾客打交道时也使用这种方法。如果有人能让萨姆先生不断开口说话并且倾听他的想法，想象一下这个人会从他身上学到多少东西！萨姆先生耐心的倾听技巧也是他成功的部分原因，这和他营销自己想法的能力一样重要。他终生都在学习并致力于不断扩充自己的知识，而且用倾听来的新知识去改善沃尔玛的各方面。萨姆先生环游世界时总是拿着纸簿和钢笔，希望能发现新想法以及更好的办事方式，他常常说自己每天都学到了可供日后使用的新知识。萨姆先生的旅行嗜好是为了获得新知，在这方面他几乎很天真。

萨姆·沃尔顿曾经说过："如果一个团队的所有成员都很无

私，并且没有人为最终荣誉的归属问题而担忧的话，那么这个团队所取得的成绩将会是非常惊人的。"从沃尔玛每个人身上搜集想法就是建立在这样的考虑基础之上，萨姆先生知道好的想法遍地都是，他所做的只是去找到它们，因此便公开请求每个员工伙伴都出一份力。员工伙伴就公司问题提出了很多小的解决方法，有一些甚至还是非常重要的方法，公司至今还保留着这个传统，以下就是一位商店经理的描述：

　　员工伙伴被授予了公司的所有权，因此他们每天都有新想法，并且还会以公司主人的身份来寻找新方法，希望在公司历史上留下自己的名字。新想法总是会抑制不住地经常出现，沃尔玛极为重视那些成功的想法并会举行庆祝活动。沃尔玛商店前门站着迎宾员，你可能听说过这个想法来自路易斯安那州南部的一个商店，萨姆先生在看见的第一眼就喜欢上了这个想法。现在全球每家商店都这么做，其他零售商也在这么做，这个故事被一再重复，而现在已经成为了公司传说的一部分。沃尔玛的理论是庆祝成功，这只是其中的一部分。沃尔玛商店总是会冒出一些新想法，员工伙伴会把它们加以实施，这些想法有时还会被其他部门采用，偶尔还会在某个地段实施甚至被某个区域采用。

　　萨姆·沃尔顿把发现的新想法当作宝藏一样看待，这从某个方面说也确实是他的发现。想法不需要花钱，如果要解决的问题是和公司有关的话，那么节省的费用会给账本底线造成极大的影响。如果一个好想法可以节省时间方面的花费，那么也就减少了付薪的工作时间；如果一个想法能够改善公司的销售，那么也就是增加了销售额。员工伙伴被授予了公司的所有权，因此他们像企业主一样思考，希望寻求能解决实际问题的重要方法，从而找到无数个沃尔玛商店所需的想法。

　　身为公仆式领导者，如果管理人员没有用实际行动证明自己乐于做某项工作的话，他们绝不会要求员工伙伴来从事这项工作，也许一个经理在停车场上归整购物车、清理包装用纸、与顾客互动或在商店门口欢迎顾客，你在沃尔玛会经常见到这种情况。萨姆先生发明了很多以员工伙伴为本的活动，这些活动的综合运用创造了关爱和信任的环境，从而使团队合作得以蓬勃发展。萨姆·沃尔顿意识到，团队协作之路始于公仆式的领导力——你首先要关心员工伙伴、倾听他们的想法、对他们关心的事情做出回应并且建立信任关系。关爱和信任是真正团队合作的前提条件，两者的结合可以产生团队协作。把公司所有权授予员工伙伴并通过团队协作控制花费，这样做可以达到服务顾客的目的，也可以创造更好的办事方式，从而使全球各个沃尔玛商店和配送中心取得不可思议的成绩。萨姆先生希望在沃尔玛创建动力十足的员工伙伴团队，这种想法概括起来就是公仆式领导者和被授予公司所有权的员工伙伴为实现团队协作而共同努力。

沃尔玛公司领导要为自己对待员工伙伴和建立他们忠诚的方式负责，如果你想跟踪了解员工伙伴如何看待公司和领导团队的话，那么在沃尔玛有很多方法或手段可供选择，萨姆·沃尔顿使用以下方法与员工伙伴交流并倾听他们的想法：

- 一对一会议
- 基层民意调查
- 安全
- 出勤政策
- 工作表现指导

- 公开政策
- 每天例行会议
- 离职谈话
- 固有人员和人员更替数
- SMART 评估

所有这些方法都旨在实现萨姆·沃尔顿的经营管理目标，即倾听员工伙伴、管理人员显示对他们的关心以及对他们关心的问题做出回应，以下就从沃尔玛的角度来对以上方法作一个回顾。

经理和员工伙伴之间的一对一会议是为了实现双向交流，会议地点可能是休息室、小吃店、经理办公室、仓库或者就直接站在销售区域上进行。你可以预先对这些会议做些计划，但一般情况下是不做任何计划的，当经理遇见自己的员工伙伴时，直接停下来和他/她谈话就行了。这些简短的会议给经理和员工伙伴提供了一个机会，使他们可以在更私人和更随意的情况下了解彼此，同时也给员工伙伴提供了很多机会，他们可以和经理交流自己关心的问题或者提供好建议。把时间花费在员工伙伴身上使管理人员有机会知道他们的所想所感，这是一个了解员工伙伴整体斗志的绝佳方法。

另一个促进交流的原因就是沃尔玛地点的非正式性，你能够轻易看见或碰到包括总公司主管人员在内的任何人，而不必因为要和他们谈话而提前预约，以下是沃尔玛商店一个员工伙伴（他后来成为了公司的商品采购员）给我讲的故事：

> 我和萨姆先生有过很多次接触，他总是非常平易近人。沃尔玛总公司主管人员的办公室排成一排，被称为"主管办公室列"。我在总公司上课时希望萨姆·沃尔顿在自己的衬衫上签名，于是就去了那个主管办公室列，这里所有的办公室都向员工伙伴开放，而且管理人员都非常平易近人，甚至于你可以直接进入。不巧的是萨姆先生因探访商店而不在那里，他的行政助理说可以由她负责签名的事情并随后把东西交给我。第二天她走进我上课的教室并把签有萨姆先生名字的衬衫交给了我，当时上课的所有人都用极其羡慕的眼光望着那件衬衫。

萨姆·沃尔顿和为他工作的主管人员都非常谦逊，他们重视员工伙伴并认为应该与他们进行良好的沟通。沃尔玛主管人员至今遇见或与员工伙伴谈话时还是非常坦率和平易近人，这很让人吃惊。

　　基层员工伙伴民意调查每年举行一次，地点是商店、配送中心或总公司。调查是就一系列与工作有关的话题来收集员工伙伴的意见，一旦这些信息被汇集起来之后，当地经理和员工伙伴团队会一起进行讨论。调查包含 23 个问题，主要集中在人际技能和工作流程两个大的方面。人际技能所评估的主要领导能力包括交流、帮助他人成长与发展、激励他人、以顾客为中心以及倾听他人。工作流程所评估的主要能力包括不断的改善、紧迫感、团队发展、组织/策划、大家的期望/自身的责任以及解决问题的能力。调查的目的是希望所有员工伙伴针对这些能力来衡量管理人员的能力和薄弱环节，以下就是真实基层调查中的问题并且每种主要领导力都包括在内：

交流

1. 经理是否能及时地将有关情况通知我？

2. 经理与我的交流方式是否清楚和明确？

帮助他人成长与发展

3. 经理是否授权我去作决定和冒险？

4. 经理给过我指导并分享过他/她的知识吗？

激励

5. 经理赞扬员工伙伴的成绩吗？

6. 经理是否通过让员工伙伴面临挑战来充分激发他们的潜

力呢？

以顾客为中心

7. 经理是否在寻求能更好服务顾客的方式呢？

8. 经理是否实施了与顾客和员工伙伴的"十英寸法则"？

倾听他人

9. 当经理询问我问题时，他所传达的信息模糊或令人费解吗？

10. 经理会主动倾听我和其他员工伙伴的想法吗？

不断的改善

11. 经理支持和鼓励员工伙伴去挑战现状吗？

12. 经理鼓励/支持用新想法改善公司吗？

紧迫感

13. 对于摆在他/她面前的挑战，经理是否及时做出了回应？

14. 经理遵循日落法则（当天的事情要在当天下班回家之前予以解决）吗？

团队发展

15. 经理鼓励各个工作团队之间的合作吗？

16. 经理是否积极参与员工伙伴的工作？

组织/策划

17. 经理是否根据当前需要而将所需做的事情制订适当的先后顺序？

18. 经理是否制定实现目标的计划？

大家的期望/自身的责任

19. 经理会主动承担他/她在工作中的责任吗？

20. 经理是否根据预先协定的标准和期望值来衡量员工伙伴的成绩？

解决问题

21. 经理认为应该去发现事实吗？

22. 经理是否采用质量流程来解决短期和长期的问题？

23. 经理是否认为应该对所有员工伙伴都实行信息透明政策并支持他们呢？

公司要求员工伙伴发表意见并会把意见都汇集起来，然后在负面意见的列表上写"机会"的标题，而支持意见的列表上则标明"积极意见"。每个问题的分值有 0、1、2 和 3，3 分表示超过了我的期望，2 分表示符合我的期望，1 分表示不符合我的期望，0 分表示不回答此问题，最后会把参与调查的所有员工伙伴的分值都汇总到表格上。由于调查是匿名的，因此这些反馈会非常的直接，员工伙伴可以尽情地畅所欲言。

一个商店经理向我讲述了基层调查是如何进行的：

区域经理来到商店之后，商店经理就去吃午餐或休一下午的假。员工伙伴接受的是非常普通的调查，他们可以从多个方面评价自己的经理，并且还可以无记名书写意见，调查被汇集之后会在年度工作评估中交给该商店经理。如果商店经理发现有问题存在的话，他/她就会和员工伙伴召开会议来跟进和讨论。

他们谈论的内容可能包括经理、薪水、福利、日程安排、待人方式、职业机会、培训、交流、多样化、安全、顾客服务、团队合作、正直和职业道德、政策以及程序。基层调查的目的是就地解决问题，本地经理和所有员工伙伴在团队会议上共同审议调查结果，并且员工伙伴会谈论自己关于一些具体问题的感受，以便找寻到解决问题的方法。经理有时给员工伙伴提供一些信息，使他们能更好地了解为什么他们关注的问题要按照现行方法来解决，并不是在座的每个人都对问题的解决感到满意，但是大家在会议结束后都明白了一点，那就是自己已经得到了表明想法的机会。

沃尔玛的公开政策给员工伙伴提供了一个内部机制，使他们感到自己遭受不公平对待时可以反映问题，他们可能由于某方面的利害关系或问题而感到自己遭受了不公平对待，如员工伙伴关系、侵犯、歧视、正直/职业道德、安全、浪费或政策。沃尔玛的公开政策鼓励员工伙伴把自己关心的事情反映给管理人员，从而使这些重要的问题在出现之初就能得到解决。公开政策的流程分为好几个步骤，可以沿着指挥管理链直达公司总裁。

在第一个步骤中，沃尔玛鼓励员工伙伴和上级监督人员私下

讨论以上的问题或事情，由于问题基本上涉及的都是该员工伙伴
所在的那个工作团队，因此大多数问题能够在这个层面予以解
决。员工伙伴可以和上级监督人员坐下来先把情况回顾一下，如
果该监督人员就是问题的所在或他/她本人也牵涉到问题中的话，
公司会鼓励员工伙伴直接采取第二个步骤。公开政策的每个阶段
都会有一个调查，调查结果通常会立即或在合理时间内送达给员
工伙伴。

如果员工伙伴对第一个步骤中上级监督人员的答复不满意，
他/她可以提起上诉，方法就是和更高层的管理人员讨论他/她所
关心的问题。问题会被重新调查，结果也会在最快时间内送达给
该员工伙伴。沃尔玛的开放政策可能会涉及与以下人员的会面，
如商店经理、区域经理、地区业务副总裁，甚至总裁/首席执
行官。

萨姆·沃尔顿期望员工伙伴使用公开政策，如果某个商店的
员工伙伴最近没有使用它的话，他还会很担心。萨姆先生通常鼓
励经理在员工伙伴面前犯错误，这样他就可以站在员工伙伴这一
边来解决他们的不满，其实是"让员工伙伴有胜利的感觉"。萨
姆先生的目标是实现公平对待所有人，如果员工伙伴的立场合理
的话，他会全力支持并且态度也非常认真。如果某个员工伙伴能
成功运用公开政策的话，他/她回到工作团队时便会向大家宣布
自己的成功，萨姆·沃尔顿的目标就是为员工伙伴提供一个有效
解决公司内部问题的工具。

　　在 24 小时营业的商店里，每日例会在每个轮班的员工伙伴中都召开，这样他们就能及时了解当天或本周要优先做哪些事情。萨姆先生通常在商店前部的收银机旁召开每日例会，这时所有顾客都能看到会议的情况，一些经理至今还保持着这种传统，而其他经理则在休息室或在销售区以外的仓库召开例会。例会上会回顾公司的最新信息，并且会谈论本地一些有趣的话题，这样所有员工伙伴都能了解有关自己工作的最新信息。这些例会一般都是简短的站立式会议，但是却给员工伙伴足够的时间来表达自己关心的事情或问题。正像萨姆·沃尔顿所做的那样，当地经理总在每天清晨激情满怀地带领大家喊沃尔玛口号。

　　安全是大家关心的一个焦点，因为沃尔玛的工作环境拥有众多员工伙伴、商品以及顾客，因此安全问题面临极大的挑战，停车场、商店后部的仓库以及销售区域都存在安全问题，因此安全培训始终都在进行并且没有间断过。货柜也存在安全隐患，液体的溢出可能导致滑倒和摔伤，甚至在停车场上收集购物车也存在危险，如果经理要表示出对员工伙伴的关心，那么最好的方式莫过于切实关注他们的个人安全了。

　　沃尔玛经理通过离职谈话来了解员工伙伴离开公司的原因，这样他/她就可以采取战略来尽可能地留住他们。萨姆·沃尔顿非常重视长期在公司工作的员工伙伴，并且希望能全力减少人员更替。对于那些要离开公司的员工伙伴，公司的惯例是进行离职谈话，这样经理就可以清晰了解人员更替的发展倾向，从而有助于制订减少人员流动的战略和策略。通过询问具体的问题以及收集反馈意见,你可以了解员工伙伴离职的真正原因,并且这对他们也没有任何损失。最常见的情况就是,离职不是单个原因而是多种原因造成的后果,而员工伙伴也同样会因为某些具体原因而继续留在公司。

沃尔玛进行离职谈话的目的是为了借鉴历史,使地方经理不会在将来一再重复同样的错误,发现并理解这些离职原因可以使他们创造积极的留人战略,从而避免员工伙伴人数的进一步减少。

出勤和准时是在沃尔玛实现最佳工作效率和顾客服务的必备条件,如果不按照日程安排就会给整个团队带来严重后果。员工伙伴个人的出勤问题会通过工作表现指导予以解决,如果整个团队都出现系统性的出勤和迟到问题,则表明这是有关工作斗志和领导力的大问题。喜欢自己的岗位并且工作时很开心的员工伙伴通常每天都准时上班,而较差的出勤率则会影响顾客服务、销售以及团队士气。通过观察员工伙伴的出勤情况,萨姆先生领会到了另一种识别商店或配送中心士气问题的方法,那就是出勤问题一旦出现之后,经理就必须采取行动来找到员工伙伴不去工作的原因。当出勤问题涉及的员工伙伴数量众多时,萨姆先生知道这并不说明他们都不是好员工伙伴,而是更多的表明领导力方面出现了问题。

有关固有人员和人员更替方面的战略发展是首先了解离职背

后的原因，同时找出长期在公司工作的员工伙伴选择继续留下的原因。我认为我们很多人会像沃尔玛一样都同意这种看法，那就是人员更替在有些情况下确实存在益处。当某个员工伙伴离开时，你会感觉一下子轻松了很多，你有过这样的体会吗？因此自愿或有针对性的人员更替有时确实是好事，然而当人员更替超过一定限度则会成为沃尔玛的困扰，这时公司会因为人手不够而不能像以往那样为顾客提供不间断的服务。

　　萨姆先生明白，如果训练有素的员工伙伴离开公司的话，他所期望实现的沃尔玛目标就会受到影响；如果员工伙伴都训练有素、效率高并能胜任工作的话，这个经理的工作就会容易得多。我几乎能听见萨姆先生向管理团队说这样的话："如果你能让离职人员的数量下降的话，那么你的生活就会非常美好，美好到你几乎都无法忍受！"在员工伙伴频繁离职的环境中，经理会陷入招募员工伙伴和人员更替的恶性循环，这使他们几乎没有时间来解决培训、安全、顾客服务以及员工伙伴关系方面的问题。每个地方都要有一种均衡，在这一点固有人员和人员更替会达到平衡，这时公司的日常经营才能继续下去。萨姆先生知道，频繁的人员更替会给员工伙伴的士气造成影响，而士气低落则会影响顾客服务。如果经理想留住员工伙伴的话，答案还是要回到先前讲的公仆式领导这个基本问题，即倾听员工伙伴的想法并对他们关心的问题做出回应。

　　工作表现指导是沃尔玛整个工作表现管理战略中的一个关键

因素。对于工作表现不好的员工伙伴，萨姆先生教导管理团队要对他们进行严格指导，因为每个机构都会努力寻找那些表现不好的员工伙伴。不合格的工作表现意味着经理要对这些人提出正式建议，随后就是几个固定的步骤（口头建议、书面建议、最终建议以及解雇），这会导致员工伙伴最终被解雇。在处理表现不好的员工伙伴时，萨姆先生从来都不畏缩，如有需要还会把他们清理出公司，这样做的原因之一是出于对员工伙伴士气的考虑。对于工作表现良好和优异的员工伙伴而言，如果想给他们一个继续努力的理由的话，就必须让他们知道公司领导会处理表现不好的员工伙伴。萨姆先生教导公司领导要公平待人，要赞扬优秀的工作表现来强调积极的一面，同时也要清除消极的一面，那就是用迅速和直接的方式来处理表现较差的员工伙伴。我从萨姆·沃尔顿身上学到了有关工作表现指导的秘诀：对于工作表现优异的员工伙伴而言，如果想给他们一个继续努力的理由的话，那么就表现出你对不合格工作表现的处理方式是坚决的。

SMART 评估被用来考核沃尔玛经理和员工伙伴的工作表现。居于最高位的经理总是把该商店或配送中心的目标分派给其他人，这样所有员工伙伴都能集中精力来实现最重要的整体目标。SMART 其实是有关设立目标的一个英文首字母缩写，各个英文单词的汉语释义分别是具体、可衡量、以行动为主导、有现实意义以及受时间限制。"具体"指的是工作表现或某个行为要和员工伙伴的岗位有确切关系；"可衡量"指的是能够用现有信息来简单衡量员工伙伴的表现和目标之间的差距，这些信息包括预算、质量和数量。"以行动为主导"指的是员工伙伴必须切实付出努力才能逐步接近目标，这意味着该目标必须与他们有直接的责任关系，并且只有通过他们的个人努力才能实现。"有现实意义"是一种鼓励员工伙伴取得成功的方法，这主要是考虑他们在拥有其他职责和有限资源的情况下是否能够实现目标。"受时间限制"就是指目标要在业绩考核期内实现。SMART 目标设定旨在使员工伙伴集中所有注意力，以便争取每天都能取得优异的成绩。

　　通过设立目标并让经理和员工伙伴对这些目标负责就可以使他们获得优异的工作表现，萨姆·沃尔顿的旧式目标管理考核过程分为三个阶段：设立目标、进度考核以及年终业绩考核。经理和员工伙伴共同协作，在年初就依据可衡量的标准来设立目标或规划业绩以确定来年的地点、部门以及个人目标，这些标准包括质量、数量、花费、是否及时、资源使用以及顾客满意度。进度考核在全年都持续进行，是为了年度目标的实现而衡量和记录工作进度，员工伙伴的个人付出会受到肯定并记录到公司内部考核和顾客考核当中。年终评估或业绩考核是针对设立的目标而对员工伙伴工作业绩的最终评定，并根据顾客反馈意见而就能力、优势以及发展需要等方面展开公开讨论，同时还会特别关注员工伙伴关系，这主要体现在员工伙伴通过基层调查来评估管理人员的表现上。

萨姆·沃尔顿非常重视员工伙伴，我以上提到的交流技巧都很好地表明了他的真诚。然而你可以花片刻工夫想象一下，如果萨姆·沃尔顿探访商店或配送中心时会问管理人员什么问题呢？以下是一张问题的列表，我觉得他会通过这些问题来判断管理人员是否在倾听和回应员工伙伴关心的问题以及是否关心他们：

- 你可以证明员工伙伴非常乐于使用开放政策吗？
- 员工伙伴对每个管理团队成员的工作都予以支持吗？
- 在公开政策的讨论环节或与员工伙伴召开的基层会议中，是否有管理人员的名字一再出现，这表明他有什么问题呢？
- 对于公开政策中涉及的问题和建议，管理人员是否迅速开展了充分调查并与员工伙伴沟通呢？
- 是否每一班的员工伙伴都参加了每日例会？
- 对于员工伙伴提出的问题，管理人员是否通过立即回应或不断跟进而给予了及时的答复？
- 员工伙伴在基层调查和年会中提出的问题是否都得到了解决或纠正？
- 员工伙伴是否认为公司政策在执行过程中都始终如一和公正？
- 当员工伙伴接受工作表现指导或被通知解雇时，他们是否询问了原因？

- 空缺的职位是否予以公布以便大家都有机会被考虑？

- 工作表现最优秀的员工伙伴是否得到了晋升机会？

- 管理团队的人员构成是否风格各异和多样化？

- 对于那些从计时工资岗位上提拔的管理人员，他们是否会为员工伙伴着想？

- 员工伙伴是否接受了足够的培训以便胜任自己的工作？

- 管理团队是否把安全问题摆在了优先位置？

- 过去发生过什么事故并造成了什么伤害，我们为此做出了什么努力？

- 现在的缺勤率是多少以及造成这种状况的原因是什么？

- 员工伙伴的人员更替率是多少，这个数字是否太高了？

- 长期在公司工作的员工伙伴占了多大比重，造成这种现象的原因是什么？

- 经理是否实施离职谈话，该谈话体现出的离职倾向是什么？

- 与当地其他零售店中类似的岗位相比，沃尔玛的工资如何？

- 经理和员工伙伴实现业绩目标了吗？

萨姆·沃尔顿探访商店时可能就这些难题来询问管理人员，你可以想象一下当时的情景，你会感到他是多么认真地在倾听员工伙伴并给他们的需要做出积极回应。这就像是一个"人类清单"，你也可以把同样的问题应用到自己的公司中，从而判断管理团队是否真的在倾听和回应员工伙伴、指导他们的工作表现以及关心他们。

我曾请教过一位沃尔玛商店的前任经理，请他概括一下萨姆·沃尔顿是如何对待员工伙伴的，以下便是他的话：

> 我最初在沃尔玛工作时就学会了很多处理员工伙伴关系的技巧，他们让我想象以下的场景：当萨姆·沃尔顿站在身旁时，我应该如何与员工伙伴交谈或对待他呢？你在这时是不能粗鲁、烦躁或生气的，对于那些向我汇报工作的经理，我也是这样教导他们的：萨姆先生每月给你们签发薪水支票，试想一下他站在身边时，你应该如何与员工伙伴交谈。

第八课

超越顾客或他人对你的期望值

取得优秀成就和非凡成就的区别就在于你为了做到最好而付出了多大努力。

萨姆·沃尔顿颠倒了沃尔玛的金字塔结构，他把商店直接服务顾客的员工伙伴当作沃尔玛最重要的雇员。然而有趣的是，为顾客提供优质服务的不仅仅是商店的员工伙伴，公司每个人都在全力服务顾客，这包括那些在公司总部、配送中心、车队或商店工作的所有人员，因为沃尔玛各个部门的员工伙伴都应该像零售商一样行为处世。萨姆先生把他的雇员称为"伙伴"，把经理称为"教练"，把顾客称为"朋友或邻居"，他使用的是"伙伴"而不是"雇员"，目的就是要强调雇员是自己的商业合伙人和企业所有人，即"商业伙伴"。萨姆·沃尔顿认为应该把顾客当成邻居或客人看待，并把忠实的员工伙伴当成家人看待。如果你认为这些称呼只是语言上的小聪明的话，那就最好再仔细考虑一下，因为这些重要的称呼变化改变了沃尔玛员工伙伴的互动方式。公司还期待经理和员工伙伴之间的关系和互动能够上升到更高的层次，并且员工伙伴和顾客之间也能做到这样，这种待人方式的转变使员工团队对萨姆先生极为忠诚，从而使顾客在商店里受到了完全不同的待遇。

萨姆·沃尔顿取得卓越成就的第八个成功秘诀是"超越顾客或他人对你的期望"，早在管理咨询界的权威人士把这发展成企业成功的新浪潮之前，萨姆先生就已经创建了超越顾客期望的"沃尔玛方式"，他在创业初期没有把自己的服务标准称为超越顾客的期望，因为他希望员工伙伴在日常的顾客服务中就能做到这一点，而且是始终做到！也就是说除了超越顾客期望这种方式，萨姆先生找不到另外一种服务顾客的方式了。

　　萨姆先生明白，如果善待顾客、满足他们的所需或做到更好的话，顾客很可能会一再光顾沃尔玛商店。我给大家讲一个故事来证明这一点，这是一个商店经理告诉我的，讲的是萨姆先生如何教导他来做到使顾客满意的：

　　　　我碰到一个拿着咖啡壶进商店的顾客，她想要更换一个新商品或退款。我们在商品目录里没有找到这种咖啡壶，而我碰巧那周在凯玛特超市的广告里注意到了这个商品，因为我们会把同行的广告都保管在服务台。我就对那名女顾客说那个咖啡壶是凯玛特超市的特制品牌，她在意识到这个问题之后就开始道歉，并要求把商品拿到凯玛特超市去处理。我说别再拿回去了，我们会给你一个同等价位的商品做替换，希望你下次来我们商店买咖啡壶而不要再去街对面那家店了。

　　这个故事说明了萨姆先生期望公司领导能够尽全力使顾客满意。

　　萨姆先生这样教导员工伙伴，顾客走进商店时要欢迎他们，并且顾客离开时要感谢他们，这样顾客就会知道沃尔玛的每个人都非常重视他们的到来，如果员工伙伴在接待顾客时出了差错的话，他们应该为自己的错误承担责任并且道歉。萨姆先生这样教导服务台的员工伙伴，如果顾客认为商品有质量问题时，他们应该无条件更换产品或退款。萨姆先生认为"保证满意"的标准是沃尔玛与顾客关系中最重要的内容，这不仅仅是标志牌上的几个字，而是与顾客之间不容置疑的顾客服务合同，他的一个经理给我讲述了一个有关产品保证的故事：

> 萨姆先生教导我要关心顾客，他说如果顾客买了一个剪草机并用了三年，当轮子脱落或机器散架时却拿到商店要求退换，这时不要问他/她为什么要更换！如果顾客感到物有所值的话，他/她是决不会退还产品的，萨姆先生说你只要关心顾客就可以了，因为那个顾客会再次光顾并在你这里购买更多的东西。如果你惹顾客生气并且不关心他们的话，顾客就会去别的地方消费，而且永远都不会再来你这里了。永远都要记得关心顾客，因为我们97%的顾客都是善良、诚实和勤恳的人，而大概只有3%的顾客是不诚实的。如果只有3%的顾客冤枉你并使你受了委屈，为什么要惩罚那些97%的顾客呢？

萨姆先生的目标就是使沃尔玛的传奇式顾客服务威震四方。

优质的顾客服务至今还是沃尔玛在市场上一个极大的竞争优势。和萨姆先生创造的独特商业战略一样，沃尔玛的顾客服务也是他的策略之一，目的就是把自己的公司和其他零售团体区分开。优质服务、优质商品、精选品以及优惠价格吸引顾客一再来商店购物，萨姆·沃尔顿就是凭借一系列优质的顾客服务以及最优惠的价格建立起公司的，他的目标就是使顾客在一个屋檐下就能得到所希望的一切，这被他称为"一站式购物"，这样顾客就找不到去其他地方购物的理由了。

当一个公司不断发展壮大时，它面临的巨大挑战就是如何将自己的服务标准传达给员工，沃尔玛通过大量的实时信息传递来完成这一艰巨的任务，传递信息的方式包括公司传说、故事、口号以及沃尔玛公认的准则。以下就是萨姆·沃尔顿向员工伙伴传达顾客服务戒律的例子：

顾客是——

- 我们公司最重要的人。
- 不是依赖于我们，而是我们完全依赖于他们。
- 选择在我们商店购物是在帮助我们，而我们为他们提供服务却不能被视为是一种帮助。
- 是我们公司非常重要的一部分，他们是公司内部的人而不是局外人。
- 是我们不能与之争吵、耍小聪明或惹他们生气的人。

- 是把他们的需求带给我们的人，我们的任务就是满足他们的所需。

- 不是冰冷的数字，而是像我们一样有感情和情绪的人。

- 值得我们付出最谦恭和最体贴的服务的人。

- 购买我们的商品并给我们支付工资的人。

- 是我们公司以及其他公司的生命线。

萨姆·沃尔顿清晰地把自己的期望传达给员工伙伴，从而使他们为顾客提供一流的服务做好了准备。

萨姆·沃尔顿认为顾客是"老板"并且还说过以下的话："沃尔玛唯一的老板就是顾客，他/她仅仅通过在其他地方购物就能把自总裁以下的人解雇掉。"为了满足"老板"的需要，萨姆先生致力于尝试在顾客服务、产品推介、商品采购、花费以及定价方面的新想法和新方法，这最终使他走上了全面质量管理之路。

一些小企业主不使用全面质量管理方法，还有一些是不明白全面质量管理原理的价值。萨姆·沃尔顿凭借自己的学识来运用全面质量管理方法，并且尽可能多的把这些原理教授给周围的人，这给他的公司创造了巨大的竞争优势，他甚至在全面质量管理运动还没出现的多年前就开始创新、不断完善以及不断学习了。一次日本之行中有人把专业的全面质量管理原理介绍给萨姆·沃尔顿，他意识到自己过去多年一直在使用其中的一些原理。萨姆先生很早就认为应该不断调整现行的做事方式，从而找到突破性的想法来提高经营效率、降低花费以及改善顾客服务，因此对他印象最深的可能就是日本的持续改善概念"kaizen"，它的意思是"把某样东西拆开，然后用更好的方式再把它组合起来"。萨姆先生从日本回来之后很振奋，并认为应该把专业的全面质量管理原理教授给经理和员工伙伴，而他自己以前则是通过辛勤尝试和犯错误的艰难方式来学习这些原理的。沃尔玛不断改善经营的秘诀就是不知疲倦地追求各个流程中的小改善，久而久之就能够实现大的改善，萨姆总裁不断改善沃尔玛帝国的各方面，这种永不停息的追求使他成为了"kaizen 之王"。

萨姆先生非常欢迎与马尔科姆·波德里奇质量奖的获奖公司建立全面质量合作伙伴关系，其中一个获奖公司就是宝洁公司，马尔科姆·波德里奇质量奖奖励计划旨在鼓励美国公司和劳动者不断改善他们的经营状况。萨姆·沃尔顿预见沃尔玛会是获得这个极高威望奖项的第一个零售商，而他与宝洁这种杰出公司的合作关系使他明确了不断改善的想法。宝洁公司提供了系统和专业的质量培训计划，这使萨姆先生首次把整个沃尔玛质量改善流程的教授得以标准化，该公司教授的原理正是萨姆先生多年来一直实践并深信不疑的那些原理。

萨姆·沃尔顿投身于沃尔玛的质量环节，他提出全面质量管理应该具备几个支柱因素，这些理论已经成为公司所属的阿肯色州大学沃尔顿学院的课程，这些支柱因素包括授权、多样化、花费控制、顾客服务、技术、效率以及不断改善。萨姆先生发起了正式的全面质量管理运动，该运动最终使公司经理和员工伙伴的培训得以标准化，这使沃尔玛上升到了一个全新的层次。众多员工作为一个团队而通力合作、为共同的目标奋斗并着力于改善公司的各方面，由此所创造出来的团队协作是同行很难战胜的竞争优势。公司领导和员工伙伴依然致力于每天都从小的方面一点一滴地完善公司，而一段时间之后终于实现了大的改善。沃尔玛原本就是一个成功的公司，坚持不懈的完善以及由此带来的团队协作具有很大的影响，从而给公司的成功锦上添花。

萨姆先生面临的下一个艰巨任务就是决定在商店出售什么商品，他向公司传递实时信息的部分内容就是，与顾客交谈具有十分重要的意义。萨姆先生"一站式购物"的成功秘诀就是询问顾客的所需并给予他们所期望的商品，他认为顾客的所需包括高质量的商品、低廉的价格、产品保证、优质服务、友好的雇员、能适应繁忙日程的便利地点、大型免费停车场以及足够的收银台，这样他们在结束购物后就能迅速离开商店。萨姆先生认识到这一切对顾客来说很重要，因此他建立商店的初衷就是满足或超越顾客的所需，从而给他们留下积极的购物体验，他从来都没有忽视顾客的重要性，这一直都是公司最重要的一条价值标准。

沃尔玛顾客服务所享有的盛名绝不是偶然的，萨姆·沃尔顿的公司是在以下三个基本理念基础之上建立起来的：

1. 尊重每个人

2. 为顾客提供优质服务

3. 公司的各方面都追求卓越

　　萨姆·沃尔顿早在 1962 年就提出了这三个核心理念，这至今依然是公司主管、管理人员以及员工伙伴的文化标准。如果查看一下公司网站的话，你就会发现这三个理念仍在全球范围内使用。

　　萨姆·沃尔顿为顾客提供优质服务的态度是认真的，我记得他曾经说过："当顾客进入我们商店时，就给他们一个微笑并提供一个购物车吧，因为这样可以显示我们的友好。让我们的服务超出顾客的预料，让我们超越顾客对我们的期望吧。如果我们做到这一点的话，那么他们就会一来再来。"萨姆先生明白优质的顾客服务具有重要意义，这可以提升顾客的购物体验，他曾经对自己的员工伙伴说："我希望你们都做出以下承诺：如果距离顾客十英尺以内，你们就目视和欢迎他们并询问是否需要你们的帮助。"萨姆·沃尔顿的这个要求成为了名叫"十英尺法则"的顾客服务标准，这至今仍是员工伙伴所遵循的一条最重要的服务要求。

　　萨姆先生希望商店的每个人都时刻关注那件最重要的事情，即超越顾客的期望，他清楚地认为所有销售交易都很重要，而更重要的是培养和造就一个终生的顾客，这就是顾客进入商店时把他们当作贵宾看待的原因。和我们对待最好的朋友和深爱的家人一样，萨姆先生正是用同样的方式来对待他的顾客，他对顾客服务非常着迷而且还希望公司其他人也有同样的想法和热情。他会不惜一切努力使顾客满意，一个前任商店经理所讲的故事就说明了这一点：

> 有一件事情在公司深具影响力，那就是萨姆先生在商店设立了服务台。他说无论你是否有收据都无关紧要，无论你何时购买商品也无关紧要，无论商品是否有问题也无关紧要，只要你不喜欢或不想再要这个商品的话，你就可以把它拿到我们的商店，我们会面带微笑的给你退款。萨姆先生把服务台设立在商店的最前端，这样进入商店的每个顾客都能看到那些带着东西并需要关心的不悦顾客，而其他零售店的退货中心则被设置在商店后端的狭小角落里，没有人看得到它们也没有人看到它们是如何对待顾客的。

> （以下就是沃尔玛处理顾客退货的一个例子）一个老人来商店退还一双磨破的儿童网球鞋，这双鞋很脏而且破破烂烂，他说这双鞋的大小不合适了，他的孙子已经不能穿了。服务台工作人员过来告诉我说他想换一双更大号的鞋，而且还说鞋子已经磨破了，由于他的孙子穿不下了才想来换一双新鞋。我去服务台找那个老人谈话，他说自己的孙子已经穿了一段时间，但是现在穿不

下了，而他每次来商店却又买不起一双新鞋。我只想给那个孩子一双合适的鞋，并且认为他不是在欺骗我，而只是努力给孙子一双合适的鞋罢了。于是我给他换了一双新鞋，我想萨姆·沃尔顿也会这样做，他是在欺骗我们吗？他是否得到了不应得的东西？也许吧。那天不是有个顾客在离开沃尔玛时高兴得合不拢嘴，并且很可能选择再次来沃尔玛而不是别的地方购物？那是肯定的！

这个故事说明了萨姆先生对顾客服务是多么尽心尽力，如果他听说这个故事的话，就会对那个经理的杰出服务大加赞扬的。最有可能的情况就是，他会在周六晨会上把这个故事讲给所有的领导人员，从而激励大家为保证顾客满意而更加努力。

为了能够超越顾客的期望，萨姆·沃尔顿要求公司每个人都集中精力于改善顾客服务上，而你在哪个部门工作或曾经为公司做过什么则都不重要。萨姆先生在周六晨会之后会举行单独的新产品考核会议，许多商品采购员会向他以及总公司各个职能部门的领导提出有关新产品的想法。你会发现萨姆·沃尔顿非常喜欢为商店挑选产品，并且他希望其他人也能有同样的热情。萨姆先生完全像商人一样行事，我们在采购员演示商品时会在旁边观看，这时他会就产品成本、停业点以及差额询问该采购员，并在演示结束之后立即向在座的所有人询问问题，如大家对于该产品的意见以及是否应该把它添加到产品种类中。

　　我依然清晰地记得这样的情景：萨姆先生绕着讲台四周走，然后把产品举过头顶问大家："你们认为怎么样？"如果大多数人发出欢呼声的话，就表明大家一致认为这个产品是好的，那么它就会被添加到产品种类中；如果大多数人发出的是嘲笑声，萨姆先生会让那个采购员去找更好的产品。这个由萨姆先生组织完成的舞台剧表演说明了这样一个道理，那就是为商店挑选合适的产品是非常重要的，他在商品采购方面经常说："你弄来的东西就自己消化。"这句话的意思是，买了某个商品就等于拥有了它，那么你就要把它销售出去。对于那些被添加到产品种类中的产品，萨姆先生希望每个人尤其是该产品的采购员要肩负起所有权的责任，并且通过这种方式教导大家像商人一样思考。

　　萨姆·沃尔顿认为，如果把优质服务和低廉价格结合起来的话，就会像花蜜吸引蜜蜂一样招揽很多顾客，他是正确的。萨姆先生一直以来都努力超越顾客的期望，时常更换各个类别的产品，商品价格也超出了顾客的想象，这些商品都是大批量销售的，从而向顾客保证了它们永远都不会脱销。顾客在商店漫步时就像陷入了打折引发的购物恍惚，他们把购物车塞满到了边缘，这些都是他们一时兴起所购买的生活必需品！沃尔玛提供的产品、精选品、商品促销以及低廉价格都十分诱人，顾客干脆就不在别的地方购物了。对于沃尔玛的竞争者而言，原先的忠实顾客都转向了沃尔玛，来这里购买每日低廉用品，这造成的结果对他们来说是致命的。

　　由于沃尔玛的同行也向顾客提供类似的产品，萨姆先生想做到与众不同就要把商品价格降到最低，而且提供的服务也必须是零售商中最好的。在过去的许多年里，顾客对服务的期望已经有所上升，而且他们对劣质服务的容忍度也降低了，如果某些商店的服务不能令顾客满意的话，他们就不会再来这些地方消费了。萨姆先生的目标就是**永远**要提供最优的价格并且**永远**要提供最优的服务。

　　萨姆先生的一个经理向我讲述了"永远"一词在沃尔玛服务文化中的重要性：

　　　"永远"这个词自多年前在沃尔玛出现后就一直很受欢迎，它最初是在20世纪80年代后期才开始使用的。你应该知道沃尔玛是从小镇上起家的，它当时实行的是一种新型零售，而当时的惯例是依照生产商的建议零售价给商品定价，然后通过举办销售活动来吸引大批顾客和销售大量商品。萨姆先生没有采用这种方法，而是坚持每天为顾客提供低廉价格的理论，他不是通过广告和小花招与同行竞争，而且在这方面的花费从来都是零。由于萨姆先生没有把钱投入到昂贵的报纸和无线电广告中，因此可以从出售的商品中赚取较低的差额，每日低廉价格就由此产生了。顾客根本不需要等待什么促销，因为沃尔玛的商品每天都在促销，和其他零售商的价格相比确实是这样的！

沃尔玛设立新店的速度不是很快也很低调，这种战略很奏效。人们在新店开张时都会来看看这家店究竟是怎样的，并且会喜欢上这种新式定价方法。然而当我们以更快和更为显著的方式设立新店时，就发现"每日低廉价格"这个术语在建立公司形象方面并不能引起公众的共鸣。因此大概在 1988 年时沃尔玛选择使用了"永远"一词并开展了第一个大型广告活动，各个商店为了配合该活动都在一夜之间更换了店内标志，原来宣扬的是"每日低廉价格"而现在则是"我们会为您提供最低廉的价格——这不仅仅是在促销期间——而是永远"。顾客不需要翻阅广告周刊来计划购物行程，随后通过去各个商店购物来买到最低廉的产品，他们现在可以依赖沃尔玛来永远获得低价商品。沃尔玛不仅仅在促销期间才提供低廉的商品，这对于普通大众来说就是一个最好的"衔接"。

这样做很成功，"永远为顾客提供最低廉的价格"已经深深植根于公司之中，"永远"已经成为了你所想的一切东西的标语，如顾客服务、库存商品以及商店标准等，甚至已经成为了沃尔玛口号的结尾语。

萨姆先生在过去多年里使用过很多广告标语，但是没有一条标语像"永远为您提供低廉价格"一样令人印象深刻。

除了"永远为您提供低廉价格"和"永远为您提供优质服务"的战略以外，萨姆先生还使用了一个独特的战略，那就是永远为自己的商店挑选合适的商品，他在商品选择方面使用的是由外而内的方法。萨姆先生让采购员去商店和公司经理、员工伙伴以及顾客交谈，从而找到有关顾客所需产品的想法，他们同时还要花时间去逛竞争对手的商店以发现下一个流行的新商品。沃尔玛采购员通过经常的四处查看已经对顾客有了非常充分的了解，他们明白顾客对产品的要求并乐于冒险，会积极大胆地采购商品来满足他们的所需。聪明的采购员从商店回来后会带着各种好想法返回本顿威尔，然后和总公司采购团队的其他成员共同分享。

萨姆先生也使用由外而内的方法来确定顾客群体对商店的看法，尤其是对顾客服务的看法。为了实现这个重大任务，各个商店会定期对顾客进行调查，并就十个关键问题询问他们的看法，以下就是顾客调查中涉及的十个领域：

- 在以后四周内再次光顾商店的可能性。
- 员工伙伴是否对商品非常了解而且还很乐于助人？
- 是否有很多可供选择的商品？
- 你认为沃尔玛商品的价格低廉吗？
- 你能够很容易地退换商品吗？

- 你觉得员工伙伴友好吗？

- 商店干净吗？

- 你所需的商品都有现货出售吗？

- 是否能够在收银台迅速地付钱离开？

- 在过去四周里光顾商店的次数。

    沃尔玛非常重视这些顾客调查，并会把各个商店的结果与公司标准相比较。萨姆先生认为顾客是公司的生命线，因此如果某个商店的服务水平下滑的话，顾客服务调查就能够显示这一点，这样公司就能够迅速介入其中。

    萨姆先生给员工伙伴教授商业技巧时发现了一个问题，那就是集中采购会对这些技巧产生负面影响，而且货架所有区域都是由计算机软件控制的，目的是保证现货的及时供应和添加。当你拥有数量众多的商店和产品时，就需要使用计算机软件来集中采购和管理货架区域，不幸的是，经理和员工伙伴被迫实施本顿威尔采购员所制定的产品战略，因此他们很大程度上都不能依据本店的实际情况来选择商品。在萨姆先生看来，经理和员工伙伴需要学习商品选择、摆放位置以及看着它"被风吹落"货架之间的因果关系，这就是问题产生的根源，也是夫妻店零售商在控制采购、商品摆放以及销售中使用的最重要的技巧，萨姆先生认为这些商业技巧对零售业的所有从业人员都是至关重要的。他为了解决这一问题而创立了名为"批量生产产品"的计划，旨在将基本

的商业技巧教授给经理和员工伙伴，一位和萨姆·沃尔顿共事过
的经理是这样描述该计划的：

　　部门经理和经理助理必须在月初上交一份"批量生
产产品"的产品推荐，员工伙伴也有机会挑选和营销商
品，因此员工伙伴每月都设立一些创新性的商品展示，
希望能够用富有创意的方法来营销自己的商品。我记得
一个兼职青年员工伙伴的故事，他当时正在读高中，只
有夜间和周末在宠物用品部门工作。他挑选的是鸟笼，
而这一般都摆在货架最高处的盒子里出售，因此我们通
常不会轻易地挪动它们，而他却自己花时间把十几个鸟
笼摆在一起，并且把它们在走廊末端的商品展示中摆成
了大弹簧盒盖的样子。这个兼职员工伙伴从玩具部门拿
了玩具鸟放在笼子里，并且还弄来了一个录音机，希望
播放的鸟叫声能吸引顾客的注意。他最终连鸟笼里的饲
草架都卖了出去，这种创新和主人翁精神来自于一个在
高中读书的兼职工作人员，这就是"批量生产产品"计
划的全部内容。

　　他在月底赢得了我们商店的"批量生产产品"奖，
第一名获奖者得到了一个恭贺证书、价值25美元的赠
券以及一个模范别针。如果你获得四个模范别针的话，
就可以用它们来换取一股沃尔玛股票。第二名获奖者得

到了一个恭贺证书和价值 15 美元的赠券，而第三名获奖者得到了一个恭贺证书和价值 10 美元的赠券。所有商店的第一名获奖者可以被推荐给该地段经理，该地段的经理会从中选出一个优胜者，他/她将获得另一枚模范别针和价值 50 美元的赠券，并且还可以与该地段的经理共进午餐。这个优胜者还有机会被推荐给该区域，该区域的优胜者可以获得价值 100 美元的赠券和另一枚模范别针。每年都会就"批量生产产品"中的最优秀产品挑选出一个年度"批量生产产品"获胜者，他/她可以获得与家人同去阿拉斯加州等地方旅游的机会。对于该区域各个地段的"批量生产产品"获胜者，公司每月都把他们的新想法印刷在小册子上并送往各个商店，而"批量生产产品"计划的目标就是教授商业技巧。

对于全球各个沃尔玛商店来说，公司对它们商业技巧和顾客服务的关注是一样的，只要登陆德国、韩国、英国、中国、巴西、阿根廷、墨西哥、波多黎各、日本或加拿大的任意一个沃尔玛网站，你就会发现萨姆先生独创的商业和服务标准。阅读了这些标准之后，员工伙伴、未来的雇员以及顾客就会明白沃尔玛在拉近与顾客距离方面的不同之处，以下是一个沃尔玛网站上的信息，描述了萨姆·沃尔顿对世界各地员工伙伴设立的商业和服务标准：

"为顾客服务"是我们最重要的工作，沃尔玛的顾客服务把我们与其他竞争对手区别开来。如果为顾客提供优质服务并超越他们期望的话，那么我们就会得到丰厚的回报。我们要与顾客交谈并且询问他们的需要，因为这样有助于在商店出售合适的商品。不要想当然地对待我们的顾客，要尊重和真诚地感谢他们，出了差错时不要给自己找借口，而是要道歉、承担责任并继续努力。永远都要记得和支持沃尔玛顾客服务标准中四个最重要的字"保证满意"，我们一定要证明给大家看。

在沃尔玛里"顾客是真正的老板"，我们每个零售店员工伙伴实际上都是受顾客雇用的，如果你工作出色并满足了他们的需要，他们就会购买我们的产品，这样我们就可以留在商店了；如果我们满足不了他们的需要，他们就会去别的地方购物，而他们在其他地方消费实际上就是"解雇我们"。顾客是"老板"，顾客服务获得成功的衡量标准就是，顾客决定会持续来我们商店购物，我们要提供"积极的服务"并确信顾客每次购物时都能满意。

"保证满意"是沃尔玛独创的首批服务标准之一，同时也是其中最重要的一个，它为其他的服务相关理论设立了基调。如果顾客感觉我们的商品有问题的话，那么就要立即处理这一问题。你要以自己被期望对待的方式来对待他们，帮助他们退换商品时要像最初出售商品时那样提供优质的服务，我们要问顾客："如果您想让我们为您做什么的话，那就直说吧！"要询问他们是更换新产品还是全额退款，而我们有时也为他们提供修理服务，让我们尽全力使顾客满意吧。与那些对产品存有疑问的顾客打交道给我们创造了绝佳的机会，这样我们就能与他们碰面甚至超越他们的期望。我们如果做得好就会建立起顾客的忠诚，那么他们就会接连不断来我们商店购物了。

"日落法则"是说今天该做的事情就不要拖到明天，它的意思是如果别人给你留言，那么就在收到消息的当天跟他们联系；如果顾客给你打了电话，那么今天就和他/她联系；如果同事联系你，在当天结束之前就要去找他/她，这是对他/她应有的尊重；如果供应商联系你，要像对待商业伙伴那样立即联络他/她。迅速满足这些人的需要就表明你非常关心和在乎他们，这条标准使我们的服务高于大多数零售商，这显示了我们为顾客提供更优质服务的决心。

"积极款待"是沃尔玛欢迎和超越顾客所需的一种方法，如果顾客请求你帮忙寻找一件商品的话，就直接把他带到那个部门，然后指出该商品所在的位置。我们要注视顾客的眼睛、微笑并热情欢迎他们，这样他们就能感觉到自己很受欢迎。遇见顾客时要主动接近他们，我们把这条标准称为"十英尺法则"，对于认识的顾客一定要用名字来称呼他们。

"迎宾员"是我们在顾客服务方面积极进取的非常好的例子，我是在位于路易斯安那州的沃尔玛商店获得这一想法的，他们把积极的款待称为"意外的礼物"，它的定义是这样的：服务顾客时要提供一些他们从不曾期望的服务，而我们这些沃尔玛员工伙伴都知道，顾客对自己从不曾期望的服务是非常喜欢的。意外的礼物可能是一个微笑、一声招呼、一声感谢、为顾客拿了购物车或帮忙寻找商品。迎宾员的热情欢迎是顾客对我们商店的第一印象，因此我们要把这个第一印象做好。

萨姆·沃尔顿非常热心于提供优质的顾客服务，无论顾客有什么样的期望，他总是努力寻找各种方法来满足和超越他们的期望。萨姆先生的目标就是为顾客提供更为积极、方便和优越的购物环境，这样他们就不想再去其他地方购物了。萨姆先生希望沃尔玛的购物体验很难忘，因此公司提出了名为"零售娱乐"的概念，它把"零售"和"娱乐"这两个词结合在了一起，商业含义是把沃尔玛零售业和娱乐业融合到了一起。零售娱乐为顾客创造了非常有趣的购物体验，增加了顾客对商店的忠诚以及销售额。从顾客的角度来看，零售娱乐使购物过程更为有趣，从而使沃尔玛的购物体验变得与众不同。

和样品或产品展示不同，零售娱乐活动是促使顾客去商店的具体地点参加测验、游戏或获得免费赠品。韩国的沃尔玛网站描述了三种最近的零售娱乐活动，即"猜一个香蕉的重量"、"套环比赛"以及"卡通人物绘画比赛"，而获胜者可以得到鲜花和巧克力等便宜的小礼品，这些活动对所有参与者来说都是非常有趣的，顾客会因为一时兴起而购买商店的特色产品。零售娱乐的目的就是出售商品，而与此同时还要创造娱乐的购物体验，以下是一位沃尔玛商店经理对此的看法：

> 当我们开始出售哈里·波特录像带时，就让一个员工伙伴打扮成哈里的样子坐在桌旁，这样小孩子们就会去他那里，然后免费领取一个滞销品，如类似哈里·波特的眼镜、魔法棒或图画书，我们出售动画片《鲍勃工程师》时也在玩具部门做了同样的事情。出售体育用品时会给顾客做拉伸钓鱼线的指导，或请职业鲈鱼渔夫上指导课，从而教导顾客如何改善自己的钓鱼技巧，所做的这一切都是为了把顾客带到商店里并让他们开心，因此顾客更愿意来沃尔玛而不是其他同等价位的零售店。这种零售娱乐的做法很重要，随后促使该活动不断蓬勃发展的是顾客而不再是沃尔玛了。

　　萨姆·沃尔顿传达服务高标准的方法之一就是无条件的产品保证。阿肯色州本顿威尔观光中心里有一个四面玻璃的陈列柜，里面放着萨姆先生早年收到的顾客退货，其中一件商品是一个很大的圆形温度计，你在距离很远的地方都能够看得到。那个温度计已经很旧并发黄，上面的刻度已经褪色，因此人们很难读的出来，它下面的解说词是这样的：顾客把它退还给了沃尔玛，原因是它不能再精确测量温度了，萨姆先生给这位顾客更换了一件新产品。第二件展品是一个旧网球拍，上面有很多与地面摩擦的痕迹，退货的理由是这个球拍不能再很好地接球了，注解上说那位顾客得到了全额退款。第三件展品是一个高尔夫球棒，它已经弯成了一个圆圈，好像有人曾经把它缠绕到树上一样，对这件产品的描述是：萨姆先生知道这个球棒没有毛病和质量问题，但还是接受了顾客的退还，因为沃尔玛的目标就是无争吵商品退还。陈列柜里的最后一件展品是一个已经完全生锈的史坦利牌热水瓶，在第一家沃尔玛商店开张的五年前，史坦利公司就已经停止生产这种热水瓶了，而顾客退货的理由是该产品无法继续保温，因此便立即得到了全额退款。一个曾和萨姆·沃尔顿共事的商店经理给我讲了以下的故事，说的是他自己对产品保证政策的最初反应：

　　早期在沃尔玛担任经理助理时，我确实有段时间很
难适应它的产品退还政策。我在祖父的五金器具店里长

大，商品退还在那里是致命的，如果商品被退还给该五金店的话，履行包换义务的通常是生产商而非五金店。我来到沃尔玛之后发现这笔钱都损失掉了，因此便希望自己能解决这个问题。沃尔玛有些疯狂了，我想帮助它纠正这个问题。

我迅速从第一任商店经理那里了解了退还政策，他说退还产品的偿还金额从来都不超过沃尔玛总销售额的5%，而其中一半、大概占销售额2.5%的产品没有丝毫的质量问题，我们在重新放回货架后会以全额零售价出售。还有一部分占销售额2.5%或1.25%的产品存在轻微损坏或瑕疵，因此我们不得不贴上减价标签当作损坏品出售。至于另外一部分占销售额1.25%或0.625%的产品，我们会送还卖主并得到全额退款。而最后占销售额0.625%的产品是顾客蒙蔽我们的，因此不得不自己消化掉，这一部分是我们的损失。

那个经理跟我讲明了这个问题，这件事至今已经有18年了，但我依然能把那个数字列举出来：你会因为只占0.625%销售额的产品而失去一个顾客，在这种情况下你还会和那个顾客争吵吗？让蒙蔽我们的顾客快乐地离开商店吧，因为他们会再来我们这里购物，我们是会得到加倍补偿的。

如果按照美元来换算，一个顾客对我们商店的价值是多少？我认为一位顾客平均每周在沃尔玛商店消费35美元，如果他/她每周都来光顾的话，那么在全年的购买额就超过了1，500美元，而十年的话就有15，000美元。看到了这些购买物的价值所在，你究竟为什么还要因为产品退还而冒险失去一个顾客呢？谁还会对公司有这么大的价值？答案就是你肯定不会那样做的。

萨姆·沃尔顿把服务台设在了商店前端，而其他零售商则设在了商店后端的角落里，他这样做的目的就是向进入商店的每个顾客表明，他们可以信赖我们的商店。无论你在这里购买了什么东西，只要不喜欢或不需要就可以拿到我们商店退还，并且你还会得到我们的关心。我们强烈认为应该关心顾客，因此就把服务台设在了商店前端，这样其他顾客都能看到我们是如何关心您的。沃尔玛的服务台和退还政策更多的是一种广告宣传，至少是在为萨姆先生做宣传，这样做的目的就是要让大家知道沃尔玛会关心你们，不要去其他的地方购物，你们不需要去其他的地方，因为我们会关心你！还有一点是很重要的，那就是要让服务台的工作人员明白如何执行退还政策，因为是他们在日复一日地与顾客打交道，这是你为商店做的最有力的广告了。

萨姆先生积极的售后服务方法使商店与顾客之间建立了信

任，这使来商店购物成了一件没有任何风险的事情，他设立了无争吵无提问的商品退还政策，这使忠实的顾客有了这样一种感觉：为什么还要去别的地方购物呢？萨姆先生像对待邻居和亲信那样来对待他的顾客，至今还有数以百万计的忠实顾客每周都一再光顾沃尔玛商店，这就是沃尔玛得到的回报。

早在别人认为沃尔玛的内部顾客服务还只是概念的时候，萨姆·沃尔顿就创立了顾客服务标准，沃尔玛领导人员对经理和员工伙伴有这样的要求，那就是对待同事也要有像对待顾客一样的高标准。萨姆先生意识到，公司的衡量标准在于你究竟为公司做了什么，因此他提出采用内部顾客服务评估，目的就是监测各个员工伙伴和各部门的服务质量，以便通过这种方式来积极推动内部和外部服务标准不断提高。这些考评是完全真实的，要求员工伙伴给监督人员的工作表现打分。

这些高服务标准的设立把部门内部和部门之间的争吵最小化了，取而代之的是合作精神。沃尔玛总公司的部门内外服务水准是我不曾看到过的，我在那里工作时所需做的就只是询问他人，而且能够从其他各个部门得到我所需的所有帮助！从来没有人因为不想帮忙而找借口或质问为什么这个部门的活动如此繁多，我也从来没有听到有人在沃尔玛说"这不是我的工作"。我想原因是萨姆·沃尔顿在公司文化中植入了商业思维，这使每个人在有需要出现时都尽力帮忙。员工伙伴之间的团队合作和协作精神创造了团队协作，他们提供的顾客服务令人难以置信，这成为了公司的竞争优势。忠实的员工伙伴团队通力合作并热心地彼此帮助，他们这样做的目的是想超越顾客的期望，想象一下这会有多么大的威力吧！

第九课

控制支出，保持节俭

萨姆先生为沃尔玛在全球创造的节俭人员而自豪，节俭在沃尔玛就是时尚！

萨姆·沃尔顿第一个承认说自己很节俭，原因就是他认为来日方长。一个曾经多次遇见萨姆先生的商店经理说，萨姆先生探访商店时从来都不带钱，他虽然很富有，但口袋里很少装有 25 或 50 美分，因此总是询问别人能否帮他买一杯苏打水。当碰到花钱这个问题时，萨姆先生就变得非常节俭并且还引以为荣！他培训团队成员也要有同样的思维，并且认为把大笔开销最小化的便捷方法就是首先不要浪费不必要的开支，或者是在经营管理中找到一个节省花费的环节。和著名的魔法兼魔术师哈里·霍迪尼一样，萨姆·沃尔顿总能变戏法似的找到减少花费和节省金钱的方法。如果你询问一下沃尔玛竞争对手的话，他们会说沃尔玛的花费体系是整个零售业中最低的，而这的确是事实，他们还说这个花费体系是沃尔玛保持最强市场竞争力的优势之一。与竞争对手相比，萨姆·沃尔顿确实能更好地控制花费，但令人不可思议的是，他竟然让公司其他人在思维和行事时也像他一样节俭！

萨姆·沃尔顿获得卓越成就的第九个成功秘诀是"控制支出，在成功之路上保持节俭"，记得有人曾经说过"在成功之路上不可能保持节俭"，那么这个人肯定没有见过费用节省之王萨姆·沃尔顿。萨姆先生成长在美国大萧条时期，父母教导的用钱之道是如何省钱而不是如何花钱，他到成年时还把这个教导铭记在心。正如每个企业家的必然发现一样，萨姆先生在创业初期也领会到节俭是一种美德，他拥有众多商店、配送中心以及产品，因此便不断致力于减少浪费和不必要的开支，公司费用因此被缩减到了不可思议的水平。我们可以从这个角度来看：当沃尔玛的销售额接近 3000 亿美元的时候，节省 1% 的花费就相当于节省占总销售额 1% 的 30 亿美元！请相信我，沃尔玛领导人员确实在努力创造额外的赢利，他们一边努力增加销售额使销售业绩总能登上报纸的头版头条，一边还在改善经营并尽可能地提高公司效率。萨姆先生认为，如果他的竞争者能有效控制花费的话，那么在高效和"庞然大物"似的零售队伍的巨大冲击下，他们会得到一个绝佳的存活机会。

萨姆·沃尔顿最早开设商店时雇用了很多有经验的小企业主，他们都和萨姆先生一样有着相同的创业意识，这些人都曾经办过企业，因此都习惯于严格的支出管理，萨姆先生非常喜欢这一点，因为他们和自己一样节俭。企业主知道金钱管理的重要性，并且明白每月支付员工薪水和账单所需要的开销，因此他们在开支方面非常谨慎，每天都对不是很充足的资源作预算。萨姆先生喜欢这样的人，因为他们明白每一分钱的价值，并且从来都不会有盲目的支出。有人曾告诉过我一个首字母缩略词 CHEAP，这代表了企业创始人、企业主以及有领导力的公司管理人员所应具备的重要特质，它们的中译文分别是持之以恒、诚实、发布指令、有能力以及执行力。我首次听说这个词时想到的第一个人就是萨姆·沃尔顿，我确信他如果发现了这个词的话，就一定会把

CHEAP 当作沃尔玛口号，并以诙谐幽默的方式把企业家应具备的品质教授给大家，但是最终的目标却是非常严肃的，那就是不断强调节省费用的重要性。

我希望你能明白这一点，那就是萨姆·沃尔顿因自己吝啬鬼的称号而自豪，并且他也把这种节俭的热情灌输给了员工伙伴，结果就是大家都积极地控制花费，支出这一项只占沃尔玛销售额的 1%，这与其他竞争对手相比要低得多。这使沃尔玛在定价方面具备了很大的优势，可以在保持强劲利润率的同时把商品卖到相对较低的价格。萨姆先生认为应该让顾客享受到节省花费的好处，那就是他们能够以更加低廉的价格买到商品，我想你应该明白这一点。在提高每平方英尺销售额（这一数字在逐年增长）的同时，沃尔玛还不断迫切地保持或降低支出，这使它成为零售业中生产力最强的公司。沃尔玛管理人员因为自己的节俭而闻名，他们对这一点感到非常自豪，如果在沃尔玛工作的话就会明白节俭是一种时尚！

众所周知，萨姆·沃尔顿的采购团队总是不断地讨价还价，目的是以最低的采购价格买到优质产品，他要求采购员要诚实而不要接受卖主的恩惠，甚至连一个免费的棒球帽也不行。我在沃尔玛工作时他们也是这样要求我的，即便公司以外的人提出要请我吃饭，我还是要支付自己的饭钱，这一标准使采购员和沃尔玛供应商之间保持了一定的距离，从而给谈判增添了更多的客观性和额外的紧张气氛。一些供应商过去常常通过销售策略来缓和与顾客的关系，而与沃尔玛打交道时则不得不直接在价格上有所作为。对于一些供应商使用的游戏规则、产品定位以及故作姿态，沃尔玛不仅不赞成而且很可能不再和该生产商或供应商进行商业往来了。对于许多生产商和供应商而言，这一标准使他们不得不改变自己的经商方式。

萨姆·沃尔顿在商品采购谈判中占据控制地位，生产商和供应商对于像他这样的零售商还不习惯。你和沃尔玛打交道时只有一种选择，要么按照规定价格供货，要么就选择不和沃尔玛做生意，这并不是说萨姆先生在商务往来中没有公正的立场，他期望供应商得到合理的利润而不是无限制地追求利润。很多生产商不得不改变自己的贸易往来方式，因为他们希望以尽可能低的价格向沃尔玛供货来赚取为数不多的利润，这样可以使自己的企业得到有效运转；其中一些生产商还把业务经营转移到了海外，目的就是降低自己的花费结构；其他一些生产商则继续在国内生产商品，他们会接受更低的盈余或因为给沃尔玛供货而收支相抵甚至亏本，然后就从其他地方把不足的盈余补回来；还有一些生产商选择完全不给沃尔玛供货，因为它们没有足够的实力，不能通过向沃尔玛供货来赚取足够的利润。给沃尔玛这个零售巨头供货可能是很多生产商的梦想，有些人将梦想变成了现实，可是后来却发现如果不改变与沃尔玛的商务往来方式，那么他们就不可能通过供货来获取利润，这对他们来说就像是一场噩梦。

我曾和沃尔玛的一个卖主聊过天，他说从生产商和供应商那里采购商品时，沃尔玛用非常有趣的方式来节省花费：

> 我们给沃尔玛供货时通过电子数据交换来开具发票，并且在 60 天以内会收到支票，它销售商品的基本战略是收货、销售、然后支付卖主。如果你的产品一年能周转六次的话，那么销路就是不错的或者说你可以赚到钱了。如果周转超过六次的话，你就位于比赛的领先位置了，沃尔玛就是这样在没有支付支票之前就接收和出售你的商品了。

为了使大牌生产商在供货时能诚实以待，萨姆先生生产了一系列自贴标签产品，与那些名牌商品相比，这些产品的价格更低廉而质量也更优越。这些产品的价格更便宜，但是利润也更高，因为沃尔玛通过公司内部生产的方式降低了支出。沃尔玛商店中属于"高价值"自贴标签系列的产品总共多达 1600 种，它通过模仿现有的品牌来生产自己的商品，这些产品与品牌产品的质量相当或更高，这给注重价格的购物者又提供了一个购买货真价实商品的机会。沃尔玛控制产品的开发及生产过程，因而能有效控制该产品的质量，它的员工团队致力于"高价值"系列产品的研制，因此沃尔玛最终不仅出售其他厂商的产品，而且还是一个大的商品生产商。销售自贴标签和无厂牌的商品正好和沃尔玛的每日低价理论相一致，公司通过自产自销商品也降低了支出，尽管这些产品的价格非常低，但是其中的利润却很高，原因就是花费被降低到了最低水平。一个曾和萨姆·沃尔顿共事的商品采购员给我讲了这样一个故事，说的是自贴标签系列产品对顾客、知名产品生产商以及公司的影响：

你认为那些自贴标签系列产品被摆在首位的原因是什么？为什么有人购买这些无厂牌药品而不是名牌药品呢？答案就是顾客想省钱，沃尔玛经营自贴标签产品的目的就是给顾客提供更有价值的商品。无厂牌商品和自贴标签产品给品牌商品生产商造成了很大的压力，因为他们觉得不能再提高自己商品的价格了。而价格在没有任何竞争的情况下肯定会上涨，因此沃尔玛自贴标签的做法能起到多方面的作用：第一，对品牌产品起到抑制作用；第二，为顾客提供更有价值的产品。向顾客提供无厂牌商品能使品牌商品的货真价实得以维持，而沃尔玛也从自贴标签产品中获得了更高的利润。

有一个品牌产品相对于自贴标签产品的好例子，那就是帕姆牌防粘烹饪喷雾和沃尔玛名叫不粘烹饪喷雾的"高价值商品"，这两种商品的质量完全相同，但是沃尔玛的"高价值商品"从价格上讲则更具价值。"高价值"自贴标签产品在沃尔玛测试实验室里被研制出来，与那些它们模仿的产品相比，这些产品的质量是相同的

或者会更高。去沃尔玛的药品专区购买苏达菲时，你会
发现该品牌产品的旁边就摆放着沃尔玛自贴标签的苏达
菲产品。自贴标签产品的价格会低很多，但是你可以对
它的质量放心，因为它的质量等同或高于相应的品牌产
品，但是很多人并不了解这个情况。我去沃尔玛购物时
就购买它的自贴标签产品，因为我明白自己实际上是在
省钱，而该产品的功效和品牌商品是完全相同的，既然
能得到相同甚至更高的质量，我就不会把钱花在品牌商
品生产商那里，并让他们拿我的钱去做广告。这些自贴
标签产品在投放市场之前会经过大量的测试，沃尔玛通
过这种方法不仅为顾客提供了更有价值的商品，而且还
获得了更高的利润，萨姆·沃尔顿发现这种方法也能增
加销售额、提高利润率以及降低开支。

当公司达到沃尔玛的规模时，一些小方面的费用节省都可能
造成重大的影响。萨姆·沃尔顿开创了名为"萨姆，我能做到"
的文化交流方式，从而向广大员工伙伴传递节省费用的重要性，
这使所有员工伙伴受到了很大鼓舞，并竭力思考节省花费的方法
来降低经营支出。萨姆先生期望员工伙伴能想出一些节省小额花
费的方法，如 5 美元、10 美元、20 美元、50 美元或 100 美元，
因为他知道某些员工伙伴会在不经意间想出节省大额花费的方
法。节省花费的好方法得到认同后就迅速在整个连锁店加以运

用，如果在一个商店能节省 100 美元，那么在所有 7000 家连锁店实施的话就可以节省 70 万美元！这些成功的方法会得到区域经理和商店经理的赞扬，而该员工伙伴则会获得一枚模范别针，获得四个模范别针就可以换取一股沃尔玛股票，而员工伙伴努力改善经营的强大动力则是，他们可以增加自己在年终获得利润共享和股东红利的机会。

沃尔玛员工伙伴可以通过努力来影响自己的利润共享，这使他们动力十足并把所有注意力都集中在节省花费上，他们可以通过减少和控制花费来直接影响每天的支出，从而对盈亏结算中的财务数字造成实质性的影响。沃尔玛员工伙伴甚至认为自己可以对商品价值产生直接的影响，因此在花费控制方面肩负起责任和所有权，从而把厉行节约提升到了全新的高度。和我共事的那些员工伙伴总是在纠正自己以及周围人的浪费行为，这样的情景我至今还依然记得，公司鼓励员工伙伴抵制同事甚至经理的浪费行为！

利润共享计划使萨姆先生把花费控制变成了公司文化，并让所有员工伙伴都热衷在成功之路上保持节俭！员工伙伴和公司领导一样，他们总在为如何节省尽可能多的开销而苦恼，甚至不惜一切代价来减少公司花费，包括毅然决定把家里的东西拿来用做自己的办公用品。我所在的部门每天都可以看到这样的情景：员工伙伴从家里拿来基本的办公用品来装配自己的写字台，包括钢笔、铅笔、订书机、订书钉、纸夹、便签贴纸、橡皮筋、荧光笔、胶带和计算器。我可以向你保证，没有一个管理人员要求他们这样做，而是他们用公司文化给自己施加压力的结果。当我询问员工伙伴自带办公用品的原因时，他们说是为了给公司节省花费做贡献，因为这会对他们自己的利润共享造成直接的影响。

我知道，你在此时会觉得这是不可能的或这种情况根本不可能发生，而我想说的就是这种情况确实存在，而且整个公司都有这样的事情发生。为了降低公司开销我也从家里自带办公用品，员工伙伴把包括纸夹和橡皮筋在内的一切东西都回收再利用，如果你为了那些价值1美分、5美分或10美分的小物件而担忧的话，那你根本就不可能会有大额的浪费。

萨姆先生和管理人员像公司其他人一样都在竭力控制开销，他们为了节省公司花费而乘坐商务飞机的经济舱、在自助餐厅用餐甚至在廉价旅馆里住两人间。一位商店经理给我讲了以下的故事，说的是他在萨姆先生探访商店时与他的一次难忘的午餐会：

> 萨姆先生在大约11：30时对所有经理说："我有点饿了，你们都想去吃饭吗？"然后又接着说："我要去食品部拿一些咸薄脆饼干，然后在休息室和你们会合，你们可以随便带点自己想吃的。"我们吃饭的地方就是休息室，萨姆先生吃的是咸薄脆饼干，而我们吃的是在食品部找到（并且付钱）的一些东西，这就是我们的午餐！我们"吃午餐"的整段时间里一直都在谈论公事。

　　沃尔玛管理人员没有参加乡村俱乐部，也没有公司配备的汽车，甚至连私人停车位都没有。他们办公室的装修也不豪华，所在的办公大楼是一个改装过的仓库，甚至在总部办公室喝的咖啡也不是免费的！因为他们认为应该以身作则，萨姆先生说："如果我们这些管理人员都是说一套做一套的话，那么怎么期望员工伙伴能听从我们有关花费控制的指示呢？"答案就是我们不能说一套做一套！

　　我第一次做部门预算时就询问他人如何制订加班预算，结果得到的答案就是每个部门、商店和配送中心的加班预算都是一样的，而不幸的是公司不会给加班预算拨一分钱。萨姆先生认为支付加班费是一种浪费，原因就是你要多支付一半的工资，而劳动力价格因此上涨了50%。计时工资员工伙伴在结束工作后还会留有一部分任务，当询问谁来完成这些任务时，我得到的答案就是领月薪的经理可以免费做这些工作，而且无论花多长时间都会把这些工作做完。事实上所有经理每周都工作五天半至六天，包括总公司在内的经理也是如此，经理们没有加班预算可以依赖，因此他们非常善于有效利用计时工资员工伙伴，从而使他们在正常工作时间内把任务完成。

　　尽管沃尔玛以疯狂的速度开设新店并且任务量也不断加大，但是公司还是不允许招募新雇员，他们说不要为了强大的工作量担心，直到员工伙伴忙得不知所措并且"这头猪发出了尖叫声"再开始担心也不迟，这时我们需要查看员工伙伴的雇用状况，只有这时才需要查看！有趣的是，我注意到现有员工伙伴都接受了不招募新雇员这个事实，而且他们也没有任何抱怨，只是比以前更努力工作来完成不断增加的工作量。

公司全面质量管理计划的部分内容就是把花费控制统一传达给公司每个人，宝洁和通用电气等卖方合作伙伴会与沃尔玛分享有关最佳质量的一些方法。沃尔玛的一个质量支柱就是花费控制，总公司所有员工伙伴都接受了流程过程培训，目的是使大家通过减少步骤来提高效率，从而使这个过程完全成为综合的简单活动。计时工资员工伙伴提出了一些流程改善的方法，这可以节省公司的时间和金钱，我被这些方法深深地吸引了。公司授权员工伙伴去发现流程中任何需要改进的地方，并且给予他们形成行动计划所需的时间，公司的各个经营领域都是可以攻击的对象，没有任何步骤可以免于仔细周密的检查。有些节约方法减少了不必要的步骤、形式或广播完毕的信号提示，从而缩短了现有程序的时间。在没有管理人员参与的情况下，员工伙伴能独自解决棘手的商业问题，看到这样的场景确实令人精神振奋，这是被授权的员工伙伴应该取得的成绩。

公司授权员工伙伴代表公司进行谈判，谈判内容包括卖主、正在发生的供给需求以及新产品采购，他们可以通过对比购物的方式进行谈判，就像他们往自己家里买东西一样。员工伙伴不在乎商品的广告价是多少，也不在乎其他公司为此商品或服务支付了多少钱，而是期望并要求采购品都是沃尔玛的超低价格。他们获得廉价商品的方式是在不同的卖主之间进行比较，所使用的方法正是个人购物时使用的对比购物法，这种方法非常奏效，供应商几乎给任何东西都提供了折扣。

　　我给大家举一个谈判技巧的例子，那与一个给我们提供毒品检测服务的供应商有关，我们的毒品检测计划是为了给全美国的各个商店搜寻新雇员，为此便与一家著名的医药公司签订了价值几百万的合同。由于公司政策是工作场所不能有毒品出现，因此我们要给成百上千的职位申请者进行检测，而我们的服务商则在卡罗来纳公司总部提供检测服务。由于我们迫切需要招募新雇员，因此希望能够尽早得到检测结果。通过使用全面质量管理流程图，我们发现有一家地处战略位置的毒品检测实验室，它位于田纳西州的孟菲斯，是联邦快递公司的中心，如果我们与之合作就能在更短时间内得到结果。我们去拜访了那家被推荐的服务商，并且在孟菲斯时也拜访了联邦快递公司，希望了解那里的物流状况能否在更短时间内提供检测结果。联邦快递公司同意该服务商可以取走于午夜到达孟菲斯的包裹，并允许实验室人员在凌晨检测样品，这样检测结果就可以通过电子信号传递给总公司的毒品检测部门，而最终结果在清晨一大早就能传递给各个商店。而依照先前的程序则需要多花费 24 小时，因为那个毒品检测公司需要等样品到达卡罗来纳后才能进行检测，最重要的是那个新服务商在更短时间内得到了高质量的结果而且价格也更为低廉。

　　我们把做出这一决定的原因电话告知了现任的服务商，该公司总裁询问是否可以在我们与别人签订合同之前来本顿威尔商量其他的解决办法，他随后同意提供升级的计算机系统和更为低廉的检测，会在沃尔玛公司总部安排一个毒品检测的现场监督员（由该公司出钱），甚至同意在孟菲斯开设实验室来满足沃尔玛的毒品检测需求，我们甚至还让该供应商在样品检测花费上做出了退让，他超过了我们的期望，因此我们选择继续与该公司合作。沃尔玛员工伙伴会不遗余力地确认公司购买的所有东西都是最低价，而这只是其中的一个例子而已。

我们外出时总是乘坐最低廉的飞机、租用最低廉的汽车并且住最低廉的旅馆，这所有的一切都是沃尔玛的旅行部门替我们谈判的结果，我们总是乘坐票价低的商务飞机，途中需要转至少两站，这并没有什么稀奇的。而在其他"财富 500 强"公司供职时，我们所搭乘的飞机价位则是很高的，而似乎也没有人对此在意过。我经过多年的观察后发现，在公司就职的人似乎在花费上有双重标准：一些人在花公司的钱时会购买昂贵的往返票而丝毫不关心价格，而他们私人外出时则会尽力购买尽可能便宜的飞机票。萨姆先生希望所有人都能进行谈判协商，就好像他们从自己的私人支票本上开支票一样。

我至今外出时还是使用从沃尔玛学到的经验，而最近的一次旅行就是按照沃尔玛方式进行的。我要去内华达州里诺参加商务会议，而从宾夕法尼亚州匹兹堡到那里的直飞往返票是 1400 美元。我在西南航空公司查询俄亥俄州克利夫兰（从我家到那里的车程是两小时）的航班，结果发现一张往返票只需 204 美元！但是旅途中的中转站有堪萨斯州和拉斯维加斯，然后才能到达里诺。由于我花的是自己的钱而且还能自由控制行程，因此便乘坐了克利夫兰的那趟航班，从而给自己节约了 1200 美元。我去纽约时乘坐的是往返票价值 150 美元的打折航班，途中需要在华盛顿达拉斯国际机场中转，但是我却没有花 600 美元去乘坐直达班机。因此我需要很早就起床，而且行程也需要更多时间，但是我却节省了大量花费。我住在纽华克机场外的一间屋子里，这里一晚的住宿费还不到 100 美元，而在曼哈顿岛住宿一晚就要花至少 300 美元。对于那些至少也要在早晨 9 点才能召开的会议，我不会乘坐需要花 50 美元的计程车，因为坐票价 10 美元的火车也总能及时赶到，这就是沃尔玛方式。

沃尔玛拥有众多的雇员，想象一下它的这种常识性节俭方法能节省多少钱！如果在自己公司实施这个简单方法的话，你就会听到一连串的抱怨，员工伙伴会说自己非常忙而不想把时间浪费在机场和火车上。而我使用这种方法时却总发现自己的工作质量很高，既没有任何打扰也能节省花费，因此我非常喜欢这种旅行。

如果有将近 200 万的员工伙伴被公司授予了权力，而且他们都把注意力集中在销售、服务以及控制浪费上，想象一下这将会带来多少种可能！我在沃尔玛看到过一些控制花费的方法，这些方法都非常简单并且极具常识性，但是却能帮助公司节省很多钱。萨姆先生在周六晨会上讲述了一个员工伙伴的聪明才智，该员工伙伴在信息技术部门工作，他问了萨姆先生这样一个问题："为什么我们在浪费纸张？"他每周都要拖一个大的手推车去各个部门送计算机报告（有几百磅），这些报告发送完之后他又会把上周的旧报告放回手推车里，这些需要丢弃的旧报告差不多也有同样的重量。该员工伙伴一直都在做这项工作，而他总结的结论就是，使用报告的员工伙伴实际上根本就没有看到制订报告的代价和纸张花费，因此他决定大胆地对这些时间、努力以及纸张的浪费提出质疑，于是亲自把情况反映给萨姆先生希望能引起注意。

萨姆·沃尔顿采用了一种戏剧性的方式，他让该员工伙伴把整车纸都推到了周六晨会上，目的是希望大家亲眼目睹这种浪费行为。萨姆先生还让他重新讲述了那个故事以及他自己的发现，目的是希望在座的每个人都能仔细聆听，我永远不会忘记亲眼目睹以及亲耳聆听这种浪费所造成的视觉冲击。当然，报告最终被同意立即取消，这样就能每年给公司节省一大笔钱。这些报告在过去确实发挥了一定的作用，但是那种作用早就不复存在了，这是有关基层花费控制的好例子，萨姆先生希望各个商店的员工伙伴都有同样的发现。

这种节俭意识由萨姆·沃尔顿本人所驱动，但是员工伙伴为利润共享而付出的努力却切实是他们自己的，他们都在尽力使公司花费降到最低，这确实非同一般。你可以把这个具有"沃尔玛

方式"的简单方法运用到自己的公司里,从而来检测你的公司文
化对花费控制的接受程度,还可以让员工伙伴扔掉纸张之前先使
用背面或最好进行回收再利用。萨姆先生开创了使用纸张正反面
的做法,这样可以把花费降低到50%,从而可以节省大量开销,
但是连这种简单的方法都无法在很多公司实施,原因就是那里的
公司文化是抵制改变的。

　　无论在沃尔玛还是在你自己的公司,控制花费都需要团队的
共同努力,每个人都必须把注意力持续集中在减少花费上,并要
坚持不懈和永无止境地找寻控制和削减费用的方法。真正的诀窍
在于一边找寻减少支出的方法,一边使公司能够高效运行。为了
实现这个目标,沃尔玛以及你公司的各级雇员都要提供建议和想
法,从而减少公司各个方面的经营开支,那些提出最好想法的正
是亲自从事零售工作并和顾客最近距离接触的员工伙伴。沃尔玛
有关控制和削减费用的方法有很多好处,包括促进团队合作、提
升士气以及对好想法进行表扬。一些公司把员工伙伴在控制和削
减花费上的贡献看得至关重要,甚至还制定了正式的成本计算计
划,如果员工伙伴有关节省花费的想法具有操作性,那么他们还
会受到公司的表扬,沃尔玛的"萨姆,我能做到"计划就是基于
这一目的而制定的。

　　就节省花费而言,员工伙伴拥有直接控制权的领域是无穷无
尽的,其中包括淘汰陈旧程序、减少各种费用,如加班费、咨询
费、差旅费、招聘广告费、会费、应付费用、电费、暖气费和空

调费，以及利用技术来减少人力劳动甚至是外包。

　　沃尔玛把节省花费融入到公司文化中，使之成为了全面质量管理的支柱，从而使花费控制成为了沃尔玛的一个核心能力。控制花费对沃尔玛的低价战略产生了很大影响，这使它在采购商品时能发挥自己规模经济的优势，也就是说沃尔玛的商品采购价格要比同行的低，而且公司的总成本结构占销售总额的比重也很低。沃尔玛的利润来自两部分，一是靠最初阶段里艰难的买卖谈判，二是公司在控制和减少花费方面的不断关注，最终目标是让员工伙伴找到每个领域的费用支出问题并予以解决。沃尔玛和生产商共同合作并不懈努力，使生产商通过提高效率缩减了产品成本，而费用节省使他们能够以最低价向沃尔玛供货。沃尔玛的采购成本一再降低，因此能够降低商品的零售价，这使同行无法在价格上与之抗衡。沃尔玛在竞争中获得成功的真谛就在于此，它本身就拥有强大的采购力，而萨姆先生又在不懈地找寻降低费用的方法，这对于同行来说简直是雪上加霜！

第十课

逆流而上，坚持自我，挑战现状

萨姆·沃尔顿首个承认说自己的很多冒险最终都以失败告终，但是在他看来，如果十个冒险中有一个或两个成功了，那么这就是值得的！

萨姆·沃尔顿一直都在谈论要成为全球最优秀的零售商，但是他的目标却从来都不是成为最大的零售商，他所创建的商业模式之前从未有人尝试过，想象一下他面临怎样的挑战以及一路上都是如何克服的。一想到他商店的规模、供应商的数目、员工的人数以及公司在各个地理位置的分布，你就会感觉到他克服了多么巨大的挑战。通过利用沃尔玛规模经济的强大优势，萨姆先生获得了成熟市场和商品的巨大份额。由于没有先例可以参照或模仿，他自己不得不提出新想法以及解决问题的方法，而且是在公司不断壮大的情况下解决这些问题的。沃尔玛像是一列发着隆隆声在轨道上疾驰的列车，萨姆先生和员工伙伴都在以最快的速度来疯狂地铺设轨道，希望使沃尔玛这趟列车能够继续朝着未定的目的地奔驰。

萨姆先生面临的环境促使他要与众不同并逆流而上，而他独特的办事方式使自己有意打破了很多常规方法，这是为大家所公认的，他在成功之路上对很多现行的领导和商业模式都提出了挑战。当萨姆先生在美国乡下开始革新的时候，其他人都没有把他当回事儿，也没有人去效仿他的开拓性做法，而他的竞争者则继续走那条久经考验的老路，似乎都没有注意到他们自己所了解的那个竞争概念已经永远改变了。这些竞争对手的策略在过去都很奏效,可是当萨姆先生不断挑战现状时就都开始失效了,很多竞争者都不幸失败了,原因就在于他们未能改变自己的发展方向,甚至当最终意识到选错道路时还是没有改变自己前进的方向。

沃尔玛取得的成就令人惊讶,萨姆·沃尔顿获得如此大成就的方法就是挑战传统思维和冒险,而这同样令人惊讶。萨姆·沃尔顿获得卓越成就的第十条成功秘诀就是"**逆流而上,坚持自我,挑战现状**",他认为应该开拓创新,做事时要挑战那些久经考验的老方法,并且说:"如果大家使用的都是同一种方法,为什么我们不能用非常规的方法来尝试一下呢?"萨姆先生认为采用非常规的方法常常会发现竞争优势,并常常发现那些久经考验的老方法受到的阻力最小,原因就在于这是常规的方法,而且使用起来还非常的简便。

萨姆先生的开拓性方法在实施过程中有很大的难度,因为与他打交道的公司以外的人总是用已知的方法办事,而他面临的最大挑战通常是克服他人对改变的抵制。情况看起来似乎是这样的,萨姆先生所接触的同行业人员都乐于毫不费力地摘取最低枝头的果实,而他则希望爬到树上去获得最高枝头上难摘的果实。在逆流而上和不顾传统思维的过程中,萨姆先生促使竞争对手、生产商以及供应商去做出改变,要么就是面临灭亡的命运,从而用这种方法改变了传统意义上的商业经营方式。萨姆先生的战略富有远见,而最大的受益者就是遍布全球的商品消费者。

人们遇到困难时常常走那条陈旧的老路,希望用传统或常规的方法来解决问题，而萨姆·沃尔顿却不是这样，他把碰到的挑战或困难当作机遇，你也可以说他总是在黑暗中寻找着一线光明。萨姆先生的诀窍总能帮助自己找到实现目标的新方法，这些有时会很激进的新方法却只需要更少的花费，他甚至使用"逆流而上"这个术语来称呼自己对现状的挑战。人们面临困难时总是按照一贯做法来解决问题，这在大多数情况下是一个好方法，可以找到令人满意的解决方法，但有时使用独特的方法甚至能取得更好的效果，萨姆·沃尔顿认为你可以用这种方法来寻找人生的竞争优势。

萨姆·沃尔顿教导周围的人要实施预计内的冒险以及尝试新方法，他首个承认说自己开拓创新的十次中有九次是失败的，而正是第十次的成功使他觉得这一切都是值得的。其他人可能认为多次的失败是对时间、精力以及努力的浪费，但是萨姆·沃尔顿却不这样看，他从每次商业尝试中都学到了宝贵的经验，从而在日后制订了大的突破性战略。沃尔玛拥有很多优秀的商业做法，那些在研究和开拓方面的早期努力至今还是其中一些做法的基础。我们所有人都能从萨姆·沃尔顿身上学到一条宝贵的经验，那就是我们要克服困境来获取成功，其实我们从一路走来所经历的错误和失败中就能学到这一点，人们把这称为经验，人生中的好经验和坏经验最终都是我们最好的老师。

一个沃尔玛商店经理给"逆流而上"作了最好的诠释，即"摆脱困境、大胆一点儿、打破常规，而不要听别人说你能还是不能"，萨姆·沃尔顿开设沃尔玛时正是这样"逆流而上"的。
在制订乡村零售战略时，萨姆先生挑战零售业的现有模式，因此
在创业过程中遭受的更多是批评，商业预言家们非常欣喜地预测
他的企业在将来会失败。然而萨姆先生始终都非常坚定，他一直
都在不断地追求，希望实现自己在美国乡村建立公司的梦想，他
的成功简直可以说是令人震惊的，而他获得巨大成就的方法就是
始终把顾客放在第一位。

　　企业家萨姆·沃尔顿逆流而上的故事其实就是史诗般的奋斗
史，他在早期的艰难岁月里不畏困境使沃尔玛获得了成功，但是
当时却有很多银行家、供应商以及同行说他的开创性想法不会成
功。萨姆先生首个承认说自己一路走来犯了很多错误，并且尝试
的很多想法都不奏效，但是有些想法却有非常显著的效果，因此
他尝试、失败，然后再尝试再失败，接着又开始了尝试。最终，
萨姆先生在商品采购、技术以及配送方面的激进方法导致了整个
零售业的彻底变革。

　　使萨姆·沃尔顿与众不同的个性和领导风格是什么？究竟是
什么使他显得"与众不同和挑战现状"？什么使他的做事方法具
有革命性？为什么过去没有人挑战现有的顾客服务、生产以及供
应模式？为什么他会是在正确时间和正确地点出现的正确的人
呢？他的成功究竟是命运、远见还是幸运？别人从这个全球最成
功的企业家那里能学到什么经验？要解释萨姆先生逆流而上的概
念并回答这些问题的话，最好的方法就是向您讲述他实际开拓创

新的成就，这些都是他亲自思考和实践的，因此能够表明萨姆先生究竟是怎样逆流而上的。有趣的是，萨姆先生对现状的挑战贯穿沃尔玛经营的各方面，那些最具实践性的战略和策略所涵盖的领域很多，包括价格、经营、员工伙伴关系、文化、卖主关系、产品挑选、花费、人才、服务、技术以及配送中心和车队的物流。以下就是萨姆先生"逆流而上"的一些例子，其他人也可以借鉴并运用到任何一家公司中，萨姆·沃尔顿和沃尔玛挑战传统思维和冒险的领域包括：

- 把一切简单化
- 技术
- 与员工伙伴的合作关系
- 与员工伙伴会面
- 公开政策
- 卖主伙伴关系
- 无线电频率标识
- 定价
- 广告
- 营销
- 商品存货
- 新商店理念

　　我会以内部人士的角度向您一一详述这些领域，同时也会向您提供沃尔玛经理、采购员以及供应商的看法，因为他们都了解并且曾经和萨姆·沃尔顿共事过，这会有助于了解萨姆先生是怎样"逆流而上"的。

把一切简单化

　　我在沃尔玛总部工作时曾听萨姆·沃尔顿说过：员工伙伴要把好想法在沃尔玛商店、萨姆俱乐部以及配送中心实施，因此很重要的一点就是，总公司的领导要站在员工伙伴的立场上着想，如果一个想法用一张纸不能解释清楚的话，那么这个想法就太复杂了。在沃尔玛这样大规模的公司里，甚至连最简单的事情在执行过程中也有困难，这是很容易理解的，因此一切复杂的东西都注定要失败。以下是一个商店经理的一番话，他描述了萨姆先生提出的"一次一家商店、一次一个部门、一次一个顾客"的简单化过程：

　　　　这其实就是指把公司简化成最基本的东西，而不要总是想着自己在经营一家大公司。员工伙伴认为沃尔玛是位于本顿威尔的大公司，但实际情况并不是这样的，沃尔玛是各个商店的汇集，而只是碰巧把总部设在阿肯色州本顿威尔罢了。每个商店都是独立的经营实体，并

且可以细分为每个经理助理自己经营的那片区域，由他/她
负责发放薪水、招聘员工、存货盘存、销售、现货、削减
价目以及销售额，就好像该经理助理在经营自己的商店
一样。你还可以再把它细分到部门经理这个层面，他们
负责自己部门的运作，其中包括每天都监督销售额和存
货，你还可以赋予他们相应的权力就好像他们在经营自
己的商店一样。因此你现在基本上要做的就是把一切都
细化，而最终的结果会是你只需集中精力为面前的那个
顾客服务，而不用为那些下周来购物的 4 万名顾客担忧
了，因为此时最重要的是站在你面前的那个顾客。

萨姆·沃尔顿认为有一点非常重要，那就是公司要把一切都
简单化，他凭借自身的经验意识到，90% 的战略在执行过程中都
要讲求策略，而且还知道沃尔玛的领导和其他公司的领导都一
样，他们只要一有机会就会把商业问题的解决方法过分复杂化。
一些公司还教导员工伙伴"从大处着想、从小处着手、然后不断
进步"，然而沃尔玛却是"从小处着想、从小处着手、然后不断
进步"，因为萨姆·沃尔顿认为制定难以实施的复杂战略很容易，
而制订简单并易于执行的解决方法却难得多，他还认为受过专业
训练的经理容易把事情无谓地复杂化了。萨姆·沃尔顿信奉"让
一切简单"的理念，并且把所做的一切事情都简单化，我们所有
人应该从现在开始就厚着脸皮偷偷学习并实践这些经验！

技术

　　萨姆·沃尔顿致力于沃尔玛的成功,乐于进行技术投资是其中一个最有力的例子,他非常节俭,因此憎恨在技术方面花费太多的金钱,但是却喜欢技术投入所带来的效益。技术投资使沃尔玛拥有了全球最先进的技术装备,事实上还有一个规模更大的技术系统,那就是位于五角大楼的联邦政府。当顾客走进沃尔玛受到员工伙伴友好和亲切的欢迎时,他们从来都没有怀疑公司在技术方面的投入。沃尔玛的供应链完全由先进的技术所驱动,因此全球的商学教授都用该技术来作为学生的案例研究,美国联邦政府的一些部门也和沃尔玛的技术权威以及供应链专家碰过面,希望能学习他们最具操作性的战略和策略。沃尔玛一直都致力于技术投入,这对公司的成功具有非常重要的作用,以下是一位商店经理对此的看法:

　　　萨姆·沃尔顿在技术方面的投入非常大,这有力地证明了他是逆流而上的。沃尔玛是首个在美国国内使用扫描设备的零售商,当其他零售商还在为粘贴商品标签和摆放商品等最基本的问题忧虑时,沃尔玛已经开始了技术方面的投资,因为萨姆先生预见到,更多的信息在不远的未来会有助于公司的调整。人们起初嘲笑和奚落

他的技术投入，但是他现在的收益已经超过了原来的
1000 倍，沃尔玛在发展初期就把其他零售商甩在了后
面，而技术投入就是其中一个最重要的原因。

从竞争的角度来看，沃尔玛的许多先进技术都是它的优势，
因为很多竞争对手都无法利用同样的技术。沃尔玛花费节省和技
术进步的最终受益者都是顾客，因为他们能以更低的价格购买
商品。

与员工伙伴的合作关系

萨姆·沃尔顿切实认为要像对待商业伙伴和合伙人那样来对
待员工伙伴，他用实际行动证明了自己是真心诚意的，其中一个
方法就是打开账本，向所有员工伙伴展示公司的财务数据。之前
从未有人听说过这种做法，其他公司的大多数领导都把详细的财
务报告看作是公司的机密。竞争对手可能会看到这些财务数据，
但萨姆·沃尔顿认为这只是一个小问题，因为员工伙伴对公司现
状的了解具有很大的益处，他们可以根据发展现状来帮助改善经
营，一个沃尔玛商店经理向我讲述了他的看法：

萨姆先生信奉逆流而上的理论，其中一个有力的例
子就是他会和员工伙伴分享财务数据。事实上，商店的

每个员工都知道公司的盈亏报告，至今我也不知道是否其他公司也会这么做。沃尔玛的理念就是，员工伙伴知道了信息之后就可以帮助我们做出最好的决定，因此我们要把他们当作合作伙伴看待，这种方法的首次采用确实具有革命性，现在把沃尔玛与其他零售商拉开差距的东西有很多，而这种方法就是其中之一。仅仅把员工伙伴称为合作伙伴是不行的，你必须让他们参与公司经营并以对待合作伙伴的方式来对待他们。

与员工伙伴会面

萨姆先生要求商店和配送中心的经理每天都和员工伙伴碰一次面，这样可以让他们及时了解公司的状况，萨姆先生非常在乎这种做法。在一天24小时都营业的商店里，意味着一天要和三班的员工伙伴都碰面，萨姆先生把员工伙伴视为商业伙伴体现在很多方面，而这只是其中的一个方面。一位商店经理向我讲述了这些会议的情景：

你每天都要召开一个十分钟会议，该会议有时会超过十分钟，但最初规定的时间就是十分钟。你先交代一下要优先做的事情以及公司的财务数据，然后就是表扬员工，对一天三班的员工伙伴都要这样做。这个十分钟会议向员工伙伴传达了信息和需要优先完成的任务，这样他们就可以了解公司的当前进展，而且你还可以在会议上赞扬那些工作优异的员工伙伴。你每周还要参加其他会议，如预防亏损会议和部门经理会议。在部门经理会议上，商店经理会谈论哪些任务需要优先完成、公司问题以及销售计划，公司还要求经理助理每天都与部门经理会面。

商店经理需要在一月份参加年初会议，之后还必须参加一系列的会议，那些在商店召开的会议需要所有员工伙伴都参加。在这些会议上，商店经理会把年初会议上的所有信息都再回顾一遍，如新概念和新政策等，同时还会就商店最重要的问题以及来年计划的制订与员工伙伴进行讨论。

员工伙伴能够及时了解公司目标的进展，同时他们也需要为改善公司经营出力，这种与员工伙伴的双向交流方式是沃尔玛一个重要的竞争优势。

公开政策

沃尔玛从来都没有建立过工会，其中最重要的原因就是它的公开政策。员工伙伴可以通过直接接触高层管理人员来解决疑问,因此根本就不需要第三方的介入,然而萨姆·沃尔顿设立公开政策的本意并不在此,而是因为他对黄金法则的信奉。在萨姆先生看来,经理希望员工伙伴怎样对待自己,他/她就要怎样对待这些员工伙伴。一位商店经理是这样解释公开政策的:

> 简要的说,公开政策就是员工伙伴可以把任何问题拿到任何管理层去探讨。公司希望员工伙伴给监督人员(如果该监督人员就是问题的所在,则可以把问题提交给更高层的管理人员)一个解决问题的机会,但这并不是必须遵守的规定,原因就在于公司的基层本质,也就是说公司尽力在问题出现的那个层面予以就地解决。当员工伙伴把问题提交到一个管理层时,如果他/她得不到满意答复的话,公司欢迎该员工伙伴前往沟通链中的下一个管理层,以此类推,直到最后把问题提交给公司总裁。也许员工伙伴没有得到自己想要的答复,这是可以理解的,而萨姆先生的任务总是尽可能地为他们找到满意的解决办法。

> 在实际工作中,部门经理常常解决不了公开政策所涉及的问题,因为他/她常常就是问题的起因。当公司不断发展壮大时,甚至连经理助理受理的公开政策事件都越来越少了,因此能担任此职位的有经验人选也越来越少。公开政策牵涉的大多数问题都是由协同经理人解

决的，而商店经理则处理那些更为严重的问题。作为商店经理，你会经常在商店走动并与员工伙伴交谈，因此他们通常会先把问题提交给你。当出现这种情况时，我总是把经理助理（我要先确认那个经理助理不是问题的所在）找来，接着和该员工伙伴一起讨论这个问题。然后在该员工伙伴在场的情况下，我会把问题分配给经理助理，随后让他向我汇报处理结果，这会让员工伙伴感觉到他的老板确实参与了此事，同时我也有相应的自由而不必亲自解决问题，我随后会跟进该事件来确认问题是否得到了合理解决。

当员工伙伴发现了问题时，最先接到电话的是区域经理，但是问题的实际解决还是由商店经理负责，而区域经理只是在下次探访商店时对该员工伙伴进行确认，并做一些"旧事重提的工作"。员工部只负责解决一些大的问题（如骚扰和歧视等），当商店有很多公开政策问题而自己又无法解决时，员工部也会参与其中。

在沃尔玛，萨姆·沃尔顿对员工伙伴的关心非常具有传奇色彩，他的公开政策至今还是公司的一个基本经营原理。

卖主伙伴关系

萨姆·沃尔顿与供应商、员工伙伴以及顾客之间的往来讲求诚信,他对沃尔玛的远见卓识正是建立在这一点之上的。随着沃尔玛不断发展壮大,技术发挥着越来越关键的作用,为了确保供应链的有效运转,因此与卖主建立合作伙伴关系是非常必要的。沃尔玛拥有 10 万个库存单元和上千家商店,而及时并高效的唯一供货方式就是卖主的商品存货。萨姆先生让供应商以商业伙伴的身份加入公司,然后他们共同致力于零售业的商品销售,以下是一个沃尔玛卖主对这种卖主伙伴关系的描述:

　　沃尔玛是把卖主当作商业伙伴的第一个零售商,它在肯塔基州开设的第一家商店就是完全由卖主经营的,他们亲自来商店制订自己的货架图,而沃尔玛会告诉他们所应占据的空间。这些卖主可以自主选择能获得最大利润的销售方式,沃尔玛还告诉他们要有欲望,卖主们把自己的商品、库存单元的数量以及各类产品搭配都放到了沃尔玛商店,因为他们认为这里的销路是最好的。

　　沃尔玛做了一个尝试,它把卖主变成了"公司的合作伙伴",给商店的工作搭配添加了新的含义,而且还规定了货架上一次所能摆放的产品数量,以便保证商品存货能够得到最快的更新,这种想法导致了一种不同的思维方式。大多数零售商不得不对卖主提高警惕,因为如果不仔细检查的话,卖主会为了销售商品而在商店摆放过多的存货。而我以卖主的身份向你保证,沃尔玛的卖主不会有这种心态。

你会不断寻找新方法来改善沃尔玛的经营，因为它的进步其实就是你的进步。沃尔玛和卖主的伙伴关系把卖主的未来和沃尔玛的成功紧紧连在了一起，因此焦点问题是如何使沃尔玛获得成功，而不是如何使卖主的公司获得成功，不熟悉这个情况的人确实要转换一下思维模式，因为大多数卖主只希望出售更多的商品来赚取利润。

我以沃尔玛卖主的身份告诉你，问题的关键不是你能销售多少商品，而是你能否在沃尔玛出售自己的商品，也就是说，我首先要确信沃尔玛能出售自己的商品。我有时会说不要给每家商店都送两个样品，我们先送一个看看销售情况，然后再根据情况进行补充。而大多数卖主是不会这样说的，只要零售商愿意接受多少他们就给多少。但是你并不希望沃尔玛的商品周转率降低，不希望接到采购员从商店打来这样的电话："这是什么？"你也不希望自己的商品被标上低价，而是希望确信这些商品有利于沃尔玛的销售。如果你能这样做的话，沃尔玛就会继续和你保持业务往来，那你也会成功的。

在传统意义上的供货关系中，只有零售商把注意力集中在顾客身上，而在沃尔玛却不会这样，卖主也会把精力集中在零售商品的销售上，萨姆·沃尔顿对待卖主的方式改变了批发商、零售商以及顾客之间的关系。

无线电频率标识

沃尔玛一直致力于技术投入并为此制定了一个战略，那就是在商店和配送中心的产品外包装上粘贴无线电频率标识的标签，公司的一些大供应商已经在这样做了。该系统可以使商店经理随时追踪任何部门中各个商品的销售额，以便在来年或下个月制定销售计划和纠正错误时使用，通过无线电频率标识还可以实时了解某件商品所处的位置。以下是一位商店经理的一番话，他说这种强大的新技术具有很重要的作用：

> 沃尔玛每天下午都派遣员工团队去商店的各个部门，目的就是扫描所有商品的"损耗状况"以及哪些商品的存货量过低，这时他们可能会发现仓库中存放了12件商品，但是货架上却连一件都没有摆放。如果仓库里的这12件商品没有被放在正确的储藏箱里呢？如果商品在其他的地方，你就必须找到它，这也许会引起很大的骚动并导致销售额降低，因此当货架出现空缺时，商品会被及时摆放上去以便增加销售额。如果扫描显示货

架上没有商品而仓库存货也没有的话，那么就会显示该商品是否在今晚会送达的信息。一旦商品被卸下卡车之后，我希望它们能立即进入销售区并摆上货架，而无线电频率标识会告诉你应该摆放的区域和特定位置，因此你就会知道商品是在仓库、商店、卡车上或是在供应链的其他地方。无线电频率标识可以为存货和货运流通提供不可思议的帮助，它能 100% 的保证存货充足，从而把沃尔玛的销售额全面提升了 10%。

沃尔玛一直都在开发、研究和利用创新性的技术，而无线电频率标识只是其中的一个例子。

定价

沃尔玛以尽可能的最低价来出售商品，从而改变了全球的顾客购物模式。萨姆·沃尔顿实行每日低价战略，并且还提供各个类型和种类的商品，这使沃尔玛超市成为了一站式购物者的目的地。每周都有数以百万计的购物者涌入沃尔玛商店，站在商店门口看着顾客离开时，你会发现他们中似乎 99% 的人都购买了东西，而购物的原因就是这里的价格低廉。一位商店经理曾经和萨姆·沃尔顿共过事，以下就是他对这一革命性定价战略的描述：

　　从生产商那里购买商品时，价格标签上会注明"生产商建议零售价"，然后该商品就以这个价格出售给顾客，有时出于增加销售额的考虑也会降低价格。萨姆先生也是购买同样的商品，它们进入商店时的标价是15美元，我们保留了这个标签，但是每天都以12.97美元的价格来出售这些商品，这在零售业中是闻所未闻的。其他零售商都想把利润差额提高，然后通过降价或广告来促进销售。你很难想象今天还有哪个大零售商会按照建议零售价来出售商品，现在几乎所有的零售商都是打折出售商品的。

　　萨姆·沃尔顿决定尽全力使沃尔玛以尽可能的最低价出售商品，因为他想引起零售业的根本变革。当其他零售商努力从每件商品中得到更多的利润时，萨姆先生却在努力得到尽可能少的利润，甚至和供应商一起努力寻找使公司更高效运作的方式，从而以更低的价格来出售商品。低廉的价格可以吸引顾客到沃尔玛购物，而优质的服务可以使他们一来再来。

广告

沃尔玛商店一位资深的副总裁曾经对我说，公司根本不需要进行打折促销，因为沃尔玛的商品每天都在打折，这一理论就是萨姆先生的每日低价战略，这一战略至今还在使用当中。你从沃尔玛的广告中可以注意到这样一点，它的广告从不谈论促销，而是关注公共关系、社区关系、招聘以及每日低价。一位商店经理向我讲述了沃尔玛广告的用途：

> 沃尔玛花钱打广告不是为了把自己的名字和商品放在里面，甚至今天你还能看到沃尔玛广告和其他广告的区别，沃尔玛宣传的仍然只是品牌和概念而非某个价位的商品。有关机务本段的广告会向你展示一个烤架，然后告诉你花多少钱就能买到它，而沃尔玛向你展示的是漫步在商店的快乐顾客，或者在主通道砍价的"微笑脸庞"，它宣传的一直都是低价引导者的角色，而不是为了吸引顾客而进行打折促销的宣传。萨姆先生从一开始就在改革整个零售业，他实际所做的就是在购物群中建立安全感，并始终都努力让他人知道沃尔玛究竟代表着什么。沃尔玛一直都努力向您销售更廉价的商品，并每天都为您提供公正的价格，因此您可以信赖它。如果出于某种原因您不高兴了，沃尔玛的服务台永远都会展示它关心您的那一面，以上就是驱使沃尔玛不断前进的真正原因。

我会定期收到沃尔玛的新闻印刷品，它关注的主要内容是每日低价,同时也会宣传多样化的员工伙伴团队。从广告里的员工照片中,你可以看到那些员工有男性和女性,他们的名字就印在照片旁边,甚至连他们的孩子也加入到其中。这些广告传达了这样一个信息,公司努力以尽可能的最低价来出售商品,并且它一直都是这样!

营销

萨姆先生把营销作为向员工伙伴传授商业技能的一种方式,希望他们能理解优秀的商品展示与增加商品流通之间的关系,他甚至鼓励员工伙伴去亲自挑选商品,然后通过创新性的商品展示来检验是否能增加销售额。一位商店经理给我讲述了一个"逆流而上"的故事,它有力表明了营销对增加销售额的重要作用:

折扣店行业依靠服装来提高整个行业的销售额,每家商店都在销售区里摆满了服装商品,而沃尔玛却采取了一种不同的做法。公司在一次年初会议上发布命令,让我们所有人都领取一个恰好 36 英寸长的卷尺,然后回到商店把足够的服装都撤离销售区,因此我们不得不把它们都悬挂在仓库,这样做的目的是使销售区各个货架之间的距离都有 36 英寸。据说是由于服装部门太拥挤了,顾客推购物车时根本就进不去,因此公司指示我们去疏通这些区域。把服装商品摆在仓库是零售业的禁忌，当其他零售商把服装摆满销售区时，我们却把这些商品撤离了销售区，但是这些服装区的销售额却增加了20%。

沃尔玛公开承认自己的营销重点在以下五个方面，即存储、合理定价、展示价值、出售商品以及教导顾客。

商品存货

很多人认为沃尔玛的配送能力是在成本上超越同行的最重要原因，甚至有人说它不是销售公司而更像是配送或物流公司，零售界有一句"无现货就破产"的老话，因此沃尔玛尽力确保商品能及时摆上货架。一个沃尔玛供应商向我讲述了有关产品配送的事情，他抓住了萨姆·沃尔顿的优势所在：

任何商品在仓库的存放时间都不能超过 24 小时，而仓库其实就是配送中心。在配送中心大楼一侧的卸货区大概有 100 多英亩的面积，然后这些商品通过数英里长的传送带发送到大楼另一侧的各个入口，最后被装上卡车运往各个商店，这被称为"横向入坞"。这样商品在配送中心的停留时间仅仅只有几个小时，而其他零售商则喜欢让存货停留在仓库里，停留的时间越长就要支付越多的费用，这会对盈亏结算线造成影响。沃尔玛认为，任何商品都不能因长期存放仓库而生根发芽，它们可以短暂停下来"歇口气"，但最终还是要被转移到其他地方，因此沃尔玛雇员要在 24 小时内把配送中心的所有商品进行周转。

在公司装运的货物会在第一时间到达沃尔玛配送中心，然后这些商品通过横向入坞被运送到各个商店。我们可能会通过普通的运输公司来运送商品，它们每次运送 8 至 10 个托盘的商品，计算机显示货物从装运到送达商店的时间一般为 3 至 8 天，有时根据运输的远近会有所不同。和商品存放在仓库的时间相比，它们在沃尔玛配送系统中的流通时间会更短。

正如以上这个事例所表明的，萨姆先生总是在挑战零售业的传统思维，他通过横向入坞的方式极大地降低了入库花费，同时也提高了货架上商品的再供给能力。

新商店理念

还有一个例子表明沃尔玛管理人员是逆流而上的，那就是他们创造了名叫"邻里市场"的新杂货店理念，这些管理人员开设了 4 万至 5 万平方英尺的商店，原因就在于有些顾客更喜欢在小规模的商店购买杂货，而在有些市区很难找到出售大宗商品的商店，或者这种商店根本就不存在，小规模的商店在这时便很受欢迎。这类商店开设的区域往往都是沃尔玛已经建立超市的地区，因此不会对沃尔玛的销售额产生负面的影响，同时也不存在抢生意的问题。这种邻里市场对杂货店的销售额产生了极大的影响，以下是一位沃尔玛超市经理对此的看法：

很多人认为沃尔玛创建邻里市场是非常愚昧的，并且认为这根本就行不通，而沃尔玛的理由就是，有些人并不想只为了买一个小物件（一加仑牛奶、一片面包或根据处方买药）而在周五晚上或周日早晨去沃尔玛购物，因为那个时段的顾客实在是太多了，因此佛罗里达州塔拉哈西的第一家超市就有非常好的销售额。但是那个城市也有几家大众超市、温迪克西百货和艾伯森店，它们也有自己的经营业务，因此小规模杂货店是有一定市场的。邻里市场就是为了弥补沃尔玛超市的市场空缺，因此小规模杂货店和沃尔玛商店之间是互补关系而不是竞争关系。这些杂货店的规模较小、进出更方便并且外观漂亮，这样做的目的就是要抢占温迪克西百货以及大众超市的市场份额。这些小规模店不会像大家想的那样去抢沃尔玛超市的生意，它们会抢占现有其他杂货

店的客源,甚至还会挤掉目前生意红火的便利达康公司
和来爱德公司,原因就是并非所有人都愿意为了买少量
洗发水或感冒药而在沃尔玛里走很远的路,然后又一路
走到熟食品部门。一些顾客只想迅速进出商店购物,而
邻里市场就帮助他们做到了这一点。

萨姆·沃尔顿对综合超市理念的尝试导致了沃尔玛超市的出
现,沃尔玛管理人员还不断尝试一些新的商店理念,目的是为了
能够和他们现有的优势形成互补。

萨姆·沃尔顿是创新者,同时也是不倦的求知者和变革的行
动者。萨姆先生还非常乐于效仿他人,在探访其他公司时会试着
找出同行的一两处优势,但是对他们做得不好的地方却没有兴
趣,他把好想法带回沃尔玛来改善公司经营,有时甚至比同行做
得更好。萨姆·沃尔顿在创业初期着力于创新,但是也乐于效仿
其他零售商的优秀做法。

萨姆·沃尔顿从来都不满于现状,因此他总是积极地引领大
家来改善沃尔玛各方面的经营,他认为接受现状会导致自满,而
自满反过来又会抹杀创造性。沃尔玛员工伙伴现在已接近200万
人,萨姆先生希望他们所有人都全心全意地改善公司的各个
方面。

萨姆先生过去常常这样想,如果所有竞争对手都用保守和传
统的方法来解决商业问题,那么沃尔玛为什么不采取一个全新的

视角来开拓创新，从而找到一种更高效、低廉而又迅速的解决方法呢？现行的商业模式对公司应该如何行事做了规定，而沃尔玛方式总是与这些模式相冲突。由于沃尔玛是全球最大的公司，它对现有商业惯例的成功挑战转变了所有人的商业经营模式，这促使竞争对手和供应商要经受磨炼才能效仿它的最佳开拓性方法。

沃尔玛方式很容易理解，不幸的是，其他零售商在模仿时却非常痛苦，原因就是大多数员工伙伴和公司并不具备这种一贯坚持的文化自律，而沃尔玛执行战略和策略时却总拥有步伐一致的自律。沃尔玛经理和员工伙伴乐于接受改变，同时也愿意尝试一些新想法和新思路，与萨姆·沃尔顿共事会让你激动，而更令你兴奋的是这些创新和改变。

沃尔玛始终都在追求经营上的卓越，而它的管理人员和员工伙伴则在不断挑战现状并尝试创新性的解决方法，因此改变成为了他们的好伙伴，而沃尔玛也能够迅速地适应市场。如果某个战略很有效，沃尔玛管理人员和员工伙伴就会坚持使用和不断改善，从而使这个战略越来越好；如果某个战略没有成效或预见它不会有成效，他们就会对其进行更改或彻底丢弃并尝试新战略，公司领导在做决定和转变思路方面是不会优柔寡断的。

公司鼓励和期望每个人都推荐更好的经营方法，而且各个领域都可以触及，没有任何领域是神圣不可侵犯的，我可以给你讲一个相关的故事。一个员工伙伴在周六晨会上直接站起来向萨姆·沃尔顿提出了质疑，原因就出在作为最重要文化象征的沃尔

玛口号上，当时沃尔玛口号的结语是"谁是最重要的?"而大家
对这个问句的回答是"我们是最重要的!"那个员工伙伴认为这
一点不妥："我们不是最重要的，顾客才是最重要的。"并认为口
号的结尾应该是："谁是最重要的? 顾客是最重要的。"萨姆先生
当时一直在讲台上深思这个提议，随后便让与会的每个人都思考
一下这个想法，结果大家一致同意立即更改沃尔玛口号的结语，
这个结语至今还是"谁是最重要的? 顾客永远是最重要的!"

　　一位沃尔玛商店经理这样来解释萨姆·沃尔顿的"逆流而
上"理念："我们总是把这一理念称为跳出困境进行思考，有时
我们会说停下来吧，让我们站在顾客的角度上思考。你应该从公
司日常经营的思维中跳出来，否则永远都会陷在执行命令的壕沟
里。"萨姆先生希望每个人对目前的任何事情都提出质疑，并且
还要找到更好的办事方式，这意味着要朝相反的方向走，有时还
要尝试其他人不愿尝试的东西。萨姆先生会第一个这样说，你在
逆流而上的过程中会犯错误，但是却能在偶然间找到突破性的想
法，因此先前的一切错误都是值得的。

总　结

我们的员工伙伴至关重要

在仔细分析萨姆先生的成功十法则之后，你会发现其中一条说的是顾客服务，一条是费用管理，一条是个人的执著奋斗，一条是冒险，其余六条都是有关如何待人的！

你想过沃尔玛把公司总部设在奥扎克高地中央的原因吗？你可能会猜想这是出于产品配送的目的，或者这是萨姆·沃尔顿有关沃尔玛宏大发展计划的内容之一。由于本顿威尔距离美国的地理中心非常近，因此这个想法在物流上讲得通，但是萨姆·沃尔顿选择这个地点的原因并不在此。本顿威尔附近有一个名叫"福克纳斯"的地方，美国的四个州堪萨斯州、俄克拉何马州、密苏里州以及阿肯色州都在这里交会，萨姆·沃尔顿的第一家本富兰克林店就开设在这里，这样他就可以追求人生中的第二大乐趣——猎鸟了。萨姆先生的前瞻性思维逻辑告诉自己，他在这里居住可以得到四个州的猎鸟许可证，这样就能把猎狗放在旧式小卡车的后部，仅仅驱车一小段距离就可以整年打到鹌鹑和野鸡了。

萨姆·沃尔顿把公司总部设在奥扎克高地，这使他很难找到和雇用优秀人才来帮助自己实现零售梦想，想象一下他究竟是如何做出这一决定的吧。随着公司的不断壮大，萨姆先生不得不从阿肯色州西北部的当地劳力中聘用公司领导和员工伙伴，而这些人主要是来自堪萨斯州东南部、俄克拉何马州东北部、密苏里州南部以及阿肯色州西北部的农民、教师、政府雇员和乡村企业从业人员。尽管这些人有很强的职业道德，但是他们在零售业方面没有丝毫的经验，而只是拥有工作意愿的劳动群体罢了。在这种现实条件下，萨姆先生在美国乡村开创了掀起新浪潮的雇用战略，该战略就是"依照工作态度进行雇用，为了工作成绩进行培训"。

在沃尔玛总公司工作时，我为这种招募雇员的决策方式感到震惊和崇敬，这是对员工雇用模式的一种颠覆，这也让我从另一个角度直视了沃尔玛称霸全球500强的原因所在。萨姆·沃尔顿雇用没有经验但充满斗志和热情的员工伙伴，从而重新创造和定义了全球权威的员工任用标准，他雇用那些充满干劲、态度乐观并且积极的员工，用沃尔玛方式培训他们，然后对他们的个人和团队表现设立了极为大胆的标准。在这个全球最大最成功的公司里，本质远远比形式更为重要。

萨姆·沃尔顿雇用的员工伙伴都是普通人，他们其中一些之前曾是农民，他乐于雇用态度端正并有强烈职业道德的普通人，并奉行"趁早提拔"的内部提拔标准。令人吃惊的是，被提拔的大多数人都在自己的岗位上很成功，因为他们通过不懈努力和勤奋弥补了经验上的不足。由于是"趁早提拔"，因此失败是必不可免的，这会导致有些人被降级，萨姆·沃尔顿把这种情况称为"下滑"，意思是从一个更高的责任岗位走向一个更低的责任岗位。降级在其他公司都带有不好的含义，但是在沃尔玛却不是这种情况，先前升职而后又降职并没有什么可耻，"下滑"只是表明该员工由于被"趁早提拔"还不具备足够的经验。

如果先前没有相关的知识和经验，那么这个员工伙伴还是有机会来沃尔玛实现事业梦想的，而这样的大公司在美国已经为数不多了。从农场雇用的员工伙伴没有任何经验和学历，但是他们却通过勤奋得到了重要职位，这样的成功事例在沃尔玛屡见不鲜。沃尔玛总是提拔没有经验的员工，然后用自己的方式来培训这些公司领导，这对沃尔玛来说的确是祸中得福。

萨姆·沃尔顿的一个巨大成就是把先前没有经验的员工群体塑造成了工作优异的团队，他以下的这番话表明了"我们的雇员至关重要"这个信念：

我认为我们中的大多数都是普通人而且风格各异，如果你愿意的话，也可以把这称为社会各阶层人士的大熔炉，因为其中一些人曾经是零售商，一些人是家庭主妇，还有一些是大学培训生，但是让我们领先于其他零售商的正是大多数员工伙伴的品质，这使他们似乎能挫败那些专业人士。我认为我们的员工伙伴拥有获得成功的坚强意志和强烈的成功意愿，因此他们一直都在那里踏实苦干。即便所有人都认为他们不会成功，他们还是在继续踏实苦干，而且无论怎样最终还是成功了！原因就是和"专家"力捧的技术和理论方法相比，直觉告诉他们毅力和坚持要重要得多。我的员工伙伴从来都不期望不劳而获，他们也不期望成就能够轻易得来。我认为我们的成功方法就是"行动"，这其中掺杂了我们的很多努力。

多年来我们一直在说"大胆做、大胆尝试、大胆解决"，这是个不错的方法而且还很奏效。拥有伟大想法的人有很多，但是如果没有实际行动在背后做支撑的话，那么仅仅只有好的想法是没有任何意义的，经常出现的问题就是要找到一个乐于实践的人。我们必须继续鼓励员工伙伴成为实践家，也就是成为以行动为主导的人，因为行动可以给我们带来很大乐趣，也可以让我们收获很多成就。以行动为主导是非常重要的，谢天谢地我们的沃尔玛团队和员工伙伴一直都在付出切实的行动，而且他们已经适应了这种以行动为主导的工作方式，那就让我们继续保持下去吧。

在沃尔玛，我们必须以绝对的尊重和礼貌来对待员工伙伴，他们并不是成功示意图上的一些数字而是活生生的人，因此你需要用以上方式来对待他们。如果要帮助员工伙伴成长和发展，我们就必须了解他们，包括他们的家人、存在的问题以及他们的希望和梦想。我们必须把员工伙伴当作个体来感激和赞扬，并且每天都要表示出对他们的关心。

领导者总是把员工伙伴放在比自己还重要的位置上，我非常欣赏这种做法，即便你忘记了我所说的其他东西，但还是要记住以下这一点：如果你希望自己的企业能成功的话，那么就必须让员工伙伴感觉到你在为他们工作，而不是他们在为你工作。其实现实生活中就应该这样，领导者最重要的任务就是帮助员工伙伴，使他们做到最好并达到潜力的最高峰。如果你做不到这一点的话，你的企业就只能关心它自己了；如果整个团队成员都独立、积极进取、热情、快乐并且为实现个人目标而勤奋努力的话，那么你的公司肯定不会失败。[①]

你能从萨姆·沃尔顿的这番话中感受到他的真诚，以及他是切实关心自己的员工伙伴，他认为沃尔玛不可思议的成功都是员工伙伴的功劳。如果仔细观察萨姆先生十堂课的话，你就会发现其中很有趣的一点，那就是其中六条讲的都是你应该如何待人的。以下就是萨姆·沃尔顿的十堂课，其中从第二堂课到第七堂课都加黑了，因为它们讲的都是领导者应该如何对待员工伙伴的具体做法：

第一课　全力以赴，激情满怀
第二课　和帮助过你的人一起分享成功
第三课　激励自己和他人实现梦想

---

① 摘自《沃尔玛世界》（沃尔玛公司杂志）中萨姆·沃尔顿的原话。

第四课　与他人交流，并显示出你对此很重视

第五课　重视和赏识他人的努力和成就

第六课　为你自己和他人的成就庆祝

第七课　倾听他人的意见并从别人的观点中获得新知

第八课　超越顾客或他人对你的期望值

第九课　控制支出，保持节俭

第十课　逆流而上，坚持自我，挑战现状

仔细分析这成功十堂课的话，你会发现其中六条都是有关对待员工伙伴的具体方法，一条有关个人的执著奋斗，一条有关顾客服务，一条有关费用控制，还有一条有关冒险，这十堂课简化后可以放进以下五个"桶"里：

1. 清晰地传达公司战略和策略

2. 关心你的员工伙伴

3. 控制花费

4. 超越顾客的期望

5. 通过实施预计内的冒险来挑战现状

我最后还想和您分享一下对这些重要领域的看法：

清晰地传达公司战略和策略

沃尔玛领导人员每周都在公司总部召开著名的周六领导晨会，出席会议的经理多达 500 人，他们分别代表公司总部的各个职能部门。这些管理人员会谈论公司目前的经营状况，更重要的是把注意力集中在未来几周的公司目标上。在每周一次的会面上，公司高层管理人员让经理们也把注意力集中在同样的公司目标上，由于职能部门没有自己的日程和所谓的"职能贮仓"，因此所有人关注的都是公司的总体零售日程。如果你也想建立这种独有的专注的话，我可以提一个实质性的建议，那就是交流、交流、再交流！交流可以使公司全体员工伙伴齐心协力，这是萨姆·沃尔顿一个巨大的成功秘诀，而取得成功还要从事其他工作，那就是跟进、跟进、再跟进，也就是通过每周跟进来确保公司指令得到切实执行！

关心你的员工伙伴

萨姆先生对沃尔玛总部的管理人员和经理有一个要求，那就是每周都要去探访商店，他把这称为"管理人员漫步"！这样他们就能发现实质性的问题并迅速找到解决方法。萨姆·沃尔顿把沃尔玛的雇员称为"伙伴"（商业合作伙伴），把经理称为"教练"，把顾客称为"朋友或邻居"，他希望公司领导人员能够花时间记住员工伙伴的名字，因为他们会反过来关心公司目标的实现。萨姆·沃尔顿曾经说过："如果你关心员工伙伴，员工伙伴就会关心顾客，而你的公司就会关心它自己了。"

控制花费

我从沃尔玛的萨姆俱乐部学到了一点，那就是高期望值是做一切事情的关键。公司授权员工伙伴去负责花费管理和削减，萨姆先生把这条文化价值标准称为"所有权"，员工伙伴把自己当作公司真正的合作伙伴，因此在使用公司资源时会非常节省，就好像是在花自己的钱一样！有效的花费管理是沃尔玛的一个卓越优势，这样就可以从盈亏结算线里减少数百万美元的花费。公司为管理人员和员工伙伴制定了控制浪费的标准，把这些期望传达给公司的每个人，并且让经理和员工伙伴为自己的行为负责，从而把花费控制变成了公司的竞争优势。

超越顾客的期望

萨姆先生希望沃尔玛领导人员都有一个满足顾客需要的日程安排，其中的首要目标就是增强和改善商店的顾客服务或提供主动出击服务，而其他目标则都是次要的。无论员工伙伴在哪个部门工作或具体担任什么职位，公司都要求他/她像零售商一样思维，他/她或许在会计部、人力资源部、配送部、车队、不动产部、广告部、采购部或技术部工作，这都是无关紧要的，重要的是他们要把精力集中在为顾客服务或改善服务质量上。萨姆先生甚至还提出了十英尺法则，该法则是这样规定的：如果顾客距离员工伙伴十英尺之内，那么该员工伙伴应该放下手头上的一切事情，然后去顾客那里给他/她提供帮助。

通过实施预计内的冒险来挑战现状

曾经有人说过："如果你的公司还没有破产，那么就别管它。"但是这条标准对萨姆·沃尔顿来说从不适用，他总是在不倦地学习、冒险以及修补所有东西，他奉行名叫 kaizen 的日本质量理念，意思大致是"把东西拆开，然后用更好的方式组合到一起"。萨姆先生对这个理念的看法是，如果每个人都不断追求沃尔玛经营中的小改善，那么久而久之就会导致大的进步。公司甚至还教导员工伙伴有关流程的知识并赋予他们权力，希望他们通过改变来减少花费或节省时间、精力以及人力。改变在沃尔玛是一种生活方式，萨姆·沃尔顿把改变当作一位非常受欢迎的朋友！

萨姆·沃尔顿的成功十堂课同样适用于其他零售公司，更重要的是这些法则在其他行业也同样适用。我确实认为这十条法则有助于改善零售商、非零售商、生产商以及供应商的经营管理，并且也同样有助于改善当地政府、州政府、联邦政府、教会、医院以及教育机构的经营管理。当然，无论公司的规模是大是小，它们都能从这个全球最成功的公司中学到知识并从中获益，通过学习、信奉并实践萨姆·沃尔顿和沃尔玛的领导经验，你会大大提高自己的成功几率。沃尔玛使这个商业竞争的世界发生了根本改变，萨姆·沃尔顿创造了一个高度竞争的沃尔玛世界，对于那些想在这个世界竞争、生存并发展的人来说，成功的关键因素就在于适应、改变以及创新！

　　本书只是对萨姆·沃尔顿指导经验的惊鸿一瞥，你可以用这些久经考验的法则来改进自己的公司，因此你应该把这十条法则当作自己的成功蓝图。萨姆·沃尔顿是全球历史上规模最大、最创新并且最成功公司的创始人，你应该向他学习，除了他还有更好的人选吗？

作者简介

　　迈克尔·贝里达尔是位全职的激励演说家、作者、顾问兼撰稿人，他在阿肯色州本顿威尔担任沃尔玛总公司的员工部主任，曾和萨姆·沃尔顿共事，正是萨姆先生给他起了"猎狗"的绰号！贝里达尔去沃尔玛之前曾在百事公司的菲多利部门工作，职责是产品销售以及公司总部雇员的调遣，他最近的工作经历是担任扭转局势专家，曾参加美鹰服装公司和美国废物管理公司两次成功的商业局势扭转。

　　贝里达尔曾经在美国有线新闻网络、CNBC 频道、美国有线新闻网财经频道、美国哥伦比亚广播公司国家电台以及彭博财经频道出现过，他被誉为是有关沃尔玛的权威，并先后把文章发表在《零售商》、《投资者商业日报》、《便利店消息》、《新杂货商》、《便利商店评选杂志》、食品加工产业协会的《论坛杂志》、国家公众药剂师协会的《美国药剂师杂志》、美国管理协会的《多媒体世界杂志》以及《美国便利店协会杂志》。

　　贝里达尔曾经在沃尔玛这个全球最大的零售公司工作过，他依据自己的工作经历创作了一本名为《我从萨姆·沃尔顿身上学到了：如何在一个沃尔玛世界中竞争和壮大》的著作，该书在美国出版并由约翰·威利公司于 2004 年 8 月在全球发行。

贝里达尔是一位激励演说家，他的演讲内容包含商业知识、激励言辞、故事以及趣味性，并曾经在国内外的协会和商务会议上发过言，讲话对象是那些有兴趣学习沃尔玛和萨姆·沃尔顿成功秘诀的人。贝里达尔的个人网站是 www. michaelbergdahl. net，上面有一个名叫"沃尔玛竞争"的博客链接。

后　记

　　在本书翻译过程中，刘伟、李忞泽、庄乐坤、张永等人提供了诸多帮助、支持，特此致谢。

译者